本书获得国家自然科学基金面上项目（42271263）、中央高校基本科研业务费项目（SWU-KT22008）和西南大学创新研究2035先导计划项目（SWUPilotPlan031）联合资助。

中国农村土地流转与适度规模经营

王亚辉　杨庆媛　著

西南大学出版社

图书在版编目(CIP)数据

中国农村土地流转与适度规模经营/王亚辉,杨庆媛著.—重庆:西南大学出版社,2023.12
ISBN 978-7-5697-1928-4

Ⅰ.①中… Ⅱ.①王…②杨… Ⅲ.①农村—土地流转—研究—中国②农村—土地经营—研究—中国 Ⅳ.①F321.1

中国国家版本馆CIP数据核字(2023)第132567号

中国农村土地流转与适度规模经营
ZHONGGUO NONGCUN TUDI LIUZHUAN YU SHIDU GUIMO JINGYING

王亚辉　杨庆媛　著

选题策划：	段小佳
责任编辑：	段小佳
责任校对：	鲁　欣
装帧设计：	殳十堂_未氓
排　　版：	杜霖森
出版发行：	西南大学出版社(原西南师范大学出版社)
	网　　址:http://www.xdcbs.com
	地　　址:重庆市北碚区天生路2号
	邮　　编:400715
	电　　话:023-68868624
经　　销：	新华书店
印　　刷：	重庆市圣立印刷有限公司
成品尺寸：	170 mm×240 mm
印　　张：	13.5
字　　数：	235千字
版　　次：	2023年12月　第1版
印　　次：	2023年12月　第1次印刷
书　　号：	ISBN 978-7-5697-1928-4
定　　价：	68.00元

前　言

虽然中国城镇化和工业化得到了快速发展,但农业依然以小农经济为主体。农业经营规模偏小,生产效率低下,这种低效农业主要依靠高额的财政补贴来维持。2019—2021年,全国用于"农林水"补贴的支出分别为22420亿元、23482亿元和24976亿元,分别占当年财政预算收入的11.77%、12.83%和12.33%。如果按照亩均补贴额度计算,亩均耕地补贴超过1200元,过高的农业补贴已成为国家财政的一项沉重负担。随着城镇化、工业化和农业现代化的持续推进,大量农村劳动力析出,农业机械等装备水平也在不断提升,农业适度规模经营已成为必然趋势。与此同时,国际粮食贸易的不确定性持续增加,粮食安全的重要性愈发凸显。因而,推动农业适度规模经营的形成是有效提高农业生产效率、保障粮食安全、促进农业现代化的重要途径。

各级政府积极促进土地经营权在农业经营主体之间的流转,推动形成农业适度规模经营的格局,但效果仍不明显。以山东省为例,若要形成一个适度规模的家庭农场,经营主体需要与近60个小农户进行土地流转交易,甚至需要花费近1年的时间,而且这些规模户平均耕地面积仅为128亩,不及规模户预期耕地面积的一半,多数规模户仍有扩大经营规模的意愿。《中国家庭农场发展报告(2017年)》显示:"粮食类家庭农场的平均规模接近400亩,由40多个地块组成,并且需要与几十个农户家庭进行土地流转交易才能实现,其中安徽省和湖南省均曝光单个家庭农场交易的农户数甚至高达上千户。"由此可见,土地流转过程中偏高的交易费用问题在一定程度上制约了农业适度规模经营,也阻碍了农业生产效率的提升。

那么,当前中国农村土地流转存在哪些特征和面临哪些阻碍？土地流转过程中的交易费用到底有多高？家庭适度规模经营的"适度"应该是多大？以及如何系统性降低土地流转过程中的交易费用？为了回答这些问题,基于中国农村家庭追踪调查、农村固定观察点数据库,以及典型案例区调研数据等多源资料，本研究系统厘清近年农村土地流转的演变特征、驱动因素，并测算土地流转过程中交易费用及其对土地流转的影响；在此基础上，探究农村土地经营规模对农业生产成本的影响，给出不同目标下家庭"最优"耕地经营规模，并梳理不同地区土地适度规模经营的改革模式，为促进土地流转和农业适度规模化经营提供参考，同时有助于深化对"三权分置"等土地制度改革的认识，并为提高粮食生产能力和实现粮食生产的可持续发展提供理论与实践支撑。

本研究的框架共分为10章，第一章为绪论，阐述本研究的背景、研究意义、国内外研究进展、研究内容，以及研究技术路线等；第十章为结论与启示。第二章至第九章为主要内容，大致可以归纳为三个部分，具体如下：

第一部分，理论与政策梳理。具体包括第二章和第三章，其中，第二章基础理论部分重点介绍了本研究所涉及地租理论、交易费用理论、规模经济理论、农户行为理论，以及边际化理论等基础理论；第三章为政策演变部分，系统梳理近年来中国土地流转、农业适度规模经营等国家相关政策的发展脉络。

第二部分，时空特征与驱动机理。具体包括第四章至第六章。其中，第四章土地流转时空特征与驱动因素，系统揭示了全国和典型案例区农村耕地流转的特征，比如土地流转规模、期限、途径、用途，以及租金水平等，并借助Heckman两阶段模型探究区域土地流转差异和土地租金差异的驱动因素；第五章在构建交易费用影响土地流转的理论框架基础上，定量测算了农村耕地流转过程中的交易费用规模，并揭示交易费用对土地流转比例与流转租金的影响；第六章则梳理了耕地过度资本化和耕地资产"贬值"的概念，系统揭示了不同区域耕地过度资本化和耕地资产"贬值"的特征及相应的驱动机理，为制定区域差别化的耕地保护制度提供实证依据。

第三部分，区域实践。具体包括第七章至第九章，分别为土地规模对农业经营成本的影响、不同目标下的家庭最优耕地经营规模，以及土地适度规模经营的区域实践。其中，第七章构建土地规模对农业经营成本影响的理论框架，并系统量化土地规模差异对农业经营成本的影响；第八章则测算了当前不同目标导向下的中国家庭最优农业经营规模，即系统测算了以生产率为导向、以成本为导向和以收入为导向的家庭最优经营规模，为当前家庭农场的适度规模的确定提供实证依据;第九章详细阐述了当前全国不同地区实现土地适度规模经营的实践与模式,具体包括土地银行、小块并大块、一块田、破田坎,以及服务规模化等做法,旨在提供促进土地适度规模经营的模式。

初步发现,2005—2020年,农村土地流转规模不断攀升,相应的土地流转比例已从4.57%升至38.50%;土地流转多发生在普通小农户之间,流转期限普遍较短,多数未约定具体期限,且具有明显的"非粮化"和"非农化"倾向,占比约为1/4;土地流转过程中存在大量"零租金"流转行为,全国约为40%,丘陵山区甚至超过60%。中国小农经济特色鲜明的农民与土地的关系,以及现行土地制度使得土地流转过程中面临较高的交易成本,造成农业适度规模经营难以实现,其中耕地面积大于50亩的规模户仅占1%,小于10亩的小农户仍超过80%,依然维持"大国小农"的经营格局。

进一步发现,以货币计算,亩均土地流转的交易费用为158.05元,占亩均土地流转租金的28.48%;以时间计算,亩均土地流转花费大约1.32个月。流转双方对土地原有的附着物、田坎、基础设施都难以处置,也不利于后续土地改良等方面的投资。因而土地流转合同呈现出"周期短、非正式"的特征,造成交易频次、监督成本、议价成本的增加,而地块的细碎无疑又成倍地增加了这些交易费用。为此,地方政府应建立和完善以乡镇为网络节点的土地流转服务中介,定期发布土地流转信息;建立土地流转纠纷协调机制,降低流转过程中的事前和事中交易费用;引导土地流转双方签订具有法律效力的流转合同,合同中应明确土地承包经营权的流转期限、租金、支付方法和后期纠纷解决方式等,降低合同履行成本。与此同时,各地也自发探索降低土地流转交易费用的方法,比如土地银行、小块并大块、一块田、破田坎,以及服务规模化等多种模式。

从降低农业经营成本和提高农业劳动生产率来看,当前全国户均所需耕地经营规模分别为212.73亩和211.26亩;从实现与当地农村户均收入水平来看,全国整体和三大主粮作物区户均耕地经营规模应分别为240.56亩和140.21亩。必须说明的是,经营规模是否适度,要从国家宏观经济效益、社会效益,以及农户微观经济效益等角度综合评价,既要注重提升土地经营规模,又要防止土地过度集中,兼顾效率与公平,把握好农业适度规模经营的"度"。

各地应依据当地实际情况,确定适合各地资源禀赋、地理区位,以及产业特征等"适度"耕地经营规模,防止片面追求超大规模经营的倾向,充分发挥各生产要素的协同效应,降低农业生产成本,提高农业竞争力和经营效益,同时注重改进社会化服务组织与小农户相互补充双层经营模式。

值得一提的是,本研究仍存在两点不足之处。其一,土地流转中交易费用的测算规模与实际规模可能存在一定偏差。本研究中交易费用是基于农户调查间接测算出来的,虽然方法便捷且易于理解,但可能会因样本选择偏误低估或高估交易费用的规模,未来我们将借助交易费用测算模型进一步估算土地流转中的交易费用。其二,本研究虽然估算了全国整体和三大主粮作物区户均"适度"经营规模,但中国地域辽阔,各地因资源禀赋、地理区位、产业特征等存在显著差异,全国整体的"适度"经营规模难以适用于各个地区,故对多数地区的借鉴意义不大,因此本研究提出了估算户均"适度"经营规模的方法,为各地农户家庭"适度"经营规模的确定提供了参考。

本书获得国家自然科学基金面上项目(42271263)、中央高校基本科研业务费项目(SWU-KT22008)和西南大学创新研究2035先导计划项目(SWUPilotPlan031)联合资助。本研究的部分成果也得到中国科学院地理科学与资源研究所李秀彬研究员、谈明洪研究员、辛良杰副研究员、王学副研究员,以及西南大学资源环境学院阎建忠研究员的指导,特此感谢。感谢中国科学院地理科学与资源研究所李薇博士、王佳月博士等对本研究数据收集等方面的帮助。感谢杨邀郗、叶靓俏和沈文菡三位同学在资料收集、书稿修订与校对等方面的帮助。另外,对西南大学出版社段小佳等多位编辑老师的数次辛勤编辑、校对工作表示由衷的感谢。由于作者水平所限,书中难免还有诸多欠缺和值得商榷之处,恳请广大读者批评指正。

王亚辉　杨庆媛

书于　西南大学

2023年01月31日

目 录

第一章　绪　论 ... 001
　　第一节　选题背景与意义 ... 001
　　第二节　国内外研究进展 ... 004
　　第三节　研究方案 ... 015

第二章　理论基础 ... 019
　　第一节　地租理论 ... 019
　　第二节　土地边际化理论 ... 022
　　第三节　农户行为理论 ... 023
　　第四节　规模经济理论 ... 025
　　第五节　相关理论启示 ... 026

第三章　土地流转与适度规模经营政策演进 ... 028
　　第一节　土地流转政策 ... 028
　　第二节　农业适度规模经营政策 ... 033
　　第三节　土地流转与适度规模经营的关系 ... 036

第四章　土地流转时空特征与驱动因素 ... 038
　　第一节　问题提出 ... 038
　　第二节　数据与方法 ... 040

第三节　土地流转的特征　　045
　　第四节　土地流转的驱动因素　　058
　　第五节　本章小结　　063

第五章　土地流转中的交易费用测度及效应　　065
　　第一节　问题提出　　065
　　第二节　交易费用影响土地流转的理论框架　　067
　　第三节　数据与方法　　070
　　第四节　交易费用对土地流转的影响　　076
　　第五节　本章小结　　081

第六章　不同区域农户耕地资产价值演变机理　　084
　　第一节　问题提出　　084
　　第二节　概念辨析　　085
　　第三节　数据与方法　　087
　　第四节　农户耕地资产价值变化特征　　091
　　第五节　农户耕地资产价值变化机理　　096
　　第六节　本章小结　　098

第七章　土地规模对农业经营成本的影响　　100
　　第一节　问题提出　　100
　　第二节　土地规模影响农业成本的理论框架　　101
　　第三节　数据与方法　　103
　　第四节　土地规模对农业经营成本的影响　　107
　　第五节　本章小结　　111

第八章　不同目标导向下农户适度经营规模　　113
　　第一节　问题提出　　113
　　第二节　以成本为导向的适度经营规模　　115
　　第三节　以劳动生产率为导向的适度经营规模　　118

  第四节 以收入为导向的适度经营规模   122
  第五节 户均耕地"适度"经营规模的确定   124
  第六节 本章小结   125

第九章 农业适度规模经营的区域实践   127
  第一节 实现适度规模经营的阻力   127
  第二节 国外适度规模经营的借鉴   129
  第三节 实现适度规模经营的区域实践   132
  第四节 本章小结   141

第十章 结论与展望   143
  第一节 结论与启示   143
  第二节 不足与展望   147

参考文献   148

附录
附录1 家庭追踪调查问卷部分指标——关于农村家庭土地流转信息的调研指标   166
附录2 典型区域农村村庄调查问卷   174
附录3 典型区域农村住户调查问卷   177
附录4 城市化对山区生态压力影响的农户调查问卷   187

第一章 绪 论

第一节 选题背景与意义

一、选题背景

随着城镇化和工业化的持续推进,大量乡村劳动力转移至非农产业,农业生产趋于边际化,比如南方水稻"双改单"、丘陵山区耕地撂荒等现象(Li et al.,2018;蒋敏等,2019;Wang et al.,2020a;Wang et al.,2020b)。传统的小农经济规模小,劳动生产率偏低,这种低效的农业主要靠政府高额补贴和贸易壁垒等政策来维持(许庆等,2020)。随着经济下行,政府财政收入增速放缓,但用于"农林水"的补贴支出仍然较高且呈增加趋势。统计显示,2019—2021年"农林水"的补贴支出分别占全国财政收入的11.77%、12.83%和12.33%。虽然中国粮食生产发生转变,实现了粮食连年增产,但仍存在"三高"的现象,即高产量、高库存和高进口(秦晓静,2017)。当前,农业效率低下的症结在于土地规模偏小,机械化受限,农业劳动生产率的提高速度赶不上农业成本的上涨速度。

事实上,地块破碎和小规模经营等问题仍然是当前农业劳动生产率提高、农民增收和农业现代化的瓶颈(陈威廷和刘凤莲,2022)。毋庸置疑,土地流转是当下推动农业规模经营的重要途径之一(陈宇斌和王森,2022)。中央先后出台了一系列旨在鼓励土地流转和发展农业适度规模经营的政策,比如2014年中共中央办公厅、国务院办公厅《关于引导农村土地经营权有序流转发展农业适度规模经营的意见》明确指出:"坚持农村土地集体所有,实现所有权、承包权、经营权三权分置,引导土地经营权有序流转……发展多种形式的适度规模经营"①。2023年中央一号文件强调:"引导土地经营权有序流转,发展农业适度规模经营。总结地方'小田并大田'等经验,探索在农民自愿前提下,结合农田建设、土地整治逐步解决细碎化问题"②。总的来说,中央已从顶层设计层面给予了土地流转较大的政策支持。

与此同时,近年国际农业市场和粮食贸易的不确定性持续增加,粮食安全的重要性愈发凸显。加快推动农村土地经营权流转,促进土地适度规模经营的形成是有效提高农业生产效率、保障粮食安全的重要途径(周记顺和李慧芸,2022)。《中国家庭农场发展报告(2017年)》显示,粮食类家庭农场的平均规模接近400亩,每个农场由超过40个地块组成,平均要与59个农户进行交易,其中湖南省某一家庭农场交易的农户数甚至达到1403户(王亚辉等,2019)。土地流转过程中的交易费用偏高等问题在一定程度上制约了适度规模化经营的形成,降低土地流转交易费用、促进适度规模经营是目前推动中国农业生产发展的重要途径(王亚辉等,2018)。

国内外学者已对土地流转中交易费用的测算、影响因素,以及政策响应等开展了研究,为认识中国土地流转中的交易费用提供了基础(Lence,2001;Jin and Jayne,2013),但既有研究仍存在诸多不足之处。第一,国外报道集中在发达国家或地区,当地的土地制度与中国存在明显差异,借鉴性不强;同时国内的研究多限于小区域的案例分析,不具有跨区域乃至全国的普适性(王亚辉等,2019;易钟婷等,2022)。第二,受限于交易费用测算难度大,学者们多通过理论或范式分析对交易成本进行定性研究,少数仅对单一案例区进行统计分析,系统性不强,很难达到政策指引的作用(罗必良和李尚蒲,2010;张菁菁等,2018)。因此,当前亟待补充对全国不同地区土地流转中交易费用的测算研究,同时需进一步探究土地经营规模与交易成本之间的动态平衡与协调关系,以确定区域"最优"土地适度经营规模,以及系统降低土地流转中的交易费用(韩春旭和冯华超,2022)。

---

① 中共中央办公厅、国务院办公厅印发《关于引导农村土地经营权有序流转发展农业适度规模经营的意见》.新华网,(2014-11-20)[2023-07-02],http://politics.people.com.cn/n/2014/1120/c1001-26063732.html.
② 中共中央 国务院关于做好2023年全面推进乡村振兴重点工作的意见.(2023-03-20)[2023-07-02],https://www.sohu.com/a/640368900_114988?scm=1101.topic:540767:110019.0.2.0&spm=smpc.topic_205.block2_89_WfKoXS_1_fd.1.1676941782881dTVDoSY_540767.

针对土地适度经营规模,政府也进行了界定。比如,2014年中共中央办公厅、国务院办公厅印发的《关于引导农村土地经营权有序流转,发展农业适度规模经营的意见》(下面简称《意见》)指出:"现阶段对土地经营规模相当于当地户均承包地面积10至15倍、务农收入相当于二三产业务工收入的,应当给予重点扶持"[①]。若按当前务工收入推算,10~15倍的标准规模(约合70~110亩),农户的农业经营收入远小于二三产业务工收入。那么《意见》中给出的经营规模是否合适?若不合适,不同区域农户家庭"最优"的适度经营规模应该多大?因此,当前亟待开展农户家庭适度经营规模的测算,为制定区域差别化的农业支持政策提供科学参考。

学术界主要采用土地生产效率法和收入均等化法对家庭农场的适度经营规模进行测算。受技术、地块质量和生产方式等因素的影响,采用土地生产效率法难以准确测算家庭农场的适度规模,而收入均等化法则简单清晰,能够更好地体现社会公平性,得到政学两界的普遍认可。即便如此,采用收入均等化法测算的粮食类家庭农场的适度经营规模仍未取得一致意见,已有研究估算的适度规模分布在32~225亩,且研究区域多集中在小尺度的局部地区,难以形成不同区域乃至全国的系统性认识(倪国华和蔡昉,2015;李琴,2017;王亚辉等,2017;张自强等,2018)。

有鉴于此,本研究基于中国农村家庭追踪调查数据库、农村固定观察点数据库,以及典型案例区农户调研等多源资料,采用数理统计和计量经济学模型等方法,首先,系统揭示近年中国农村土地流转的时空特征与相应的驱动因素,测算土地流转过程中的交易费用大小并评估其对土地流转的影响;其次,实证量化土地规模对农业经营成本的影响程度,并测算不同目标下农户家庭"最优"的适度经营规模;最后,系统整理代表性国家,以及全国各地实现土地规模经营的实践模式,为实现不同地区耕地适度规模经营提供实证依据,同时为提高粮食生产能力和实现粮食生产的可持续发展提供理论和实践支撑。

[①] 中共中央办公厅、国务院办公厅印发《关于引导农村土地经营权有序流转发展农业适度规模经营的意见》.新华网,(2014-11-20)[2023-07-02],http://politics.people.com.cn/n/2014/1120/c1001-26063732.html.

二、研究意义

2020年以来,国际农业市场和粮食贸易的不确定性持续增加,粮食安全的重要性愈发凸显。当前,中国推进乡村振兴战略和农业现代化的首要任务也是保障粮食和重要农产品供给。加快推进农村土地经营权流转,推动土地适度规模经营的形成是有效提高农业生产效率和保障粮食安全的重要举措。其中,降低土地流转过程中奇高的交易费用、激活农村土地流转市场是实现农业适度规模经营的重要途径。因此,系统揭示近年中国农村土地流转特征及其对农业适度规模经营发展的影响,有助于深化对"三权分置"等土地制度改革的认识,能够为促进发展适度规模经营和农业现代化建设提供实证参考。

第二节 国内外研究进展

一、农村土地流转研究

(一)土地流转市场愈发活跃,土地流转规模不断上升

随着社会的发展,科技不断进步,中国农业生产水平不断提高,中国仅用世界7%的土地养活了22%的人口,对世界农业做出不容忽视的贡献。但是,中国目前仍处于农业大国向农业强国转型的阶段,面临着因人口老龄化导致的农业劳动力短缺、耕地破碎限制了农业机械化应用、投资和生产成本攀升带来的资金约束,以及农业规模偏小引致的农业竞争力低下等问题,这些问题严重困扰了中国农业的发展(何秀荣,2009)。改革开放以来,特别是2014年中共中央、国务院《关于全面深化农村改革加快推进农业现代化的若干意见》[1]和《关于引导农村产权流转交易市场健康发展的意见》[2],提出农村土地

---

[1] 中共中央 国务院《关于全面深化农村改革加快推进农业现代化的若干意见》. 中华人民共和国中央人民政府,(2014-01-19)[2023-07-02]http://www.gov.cn/gongbao/content/2014/content_2574736.htm.
[2] 国务院办公厅《关于引导农村产权流转交易市场健康发展的意见》国办发〔2014〕71号. 中华人民共和国中央人民政府,(2015-01-22)[2023-07-02]http://www.gov.cn/zhengce/content/2015-01/22/content_9424.htm.

所有权、承包权、经营权"三权分置",并为规范农村土地流转创造了良好条件(洪银兴和王荣,2019;李成民等,2019)。此后,中央关于农村若干重大问题的改革中,将建立农村耕地流转市场、盘活承包经营权放了首要位置。历年的中央一号文件都涉及农地流转的问题。土地流转有利于促进农民增收、保障国家粮食安全,是农业现代化发展的必由之路(姜梦露,2022),是推进农村经济社会转型、解决"三农"问题的核心与关键(匡远配和肖叶,2019)。

中国农村土地流转市场愈发活跃。据不完全统计,全国已有1239个县(市、区)和18731个乡(镇)建立农村土地经营权流转服务中心土地流转平台,耕地流转规模持续上升。农业农村部的统计数据显示,全国农村承包耕地流转面积由2004年的0.58亿亩增加到2020年的5.55亿亩,年均增长率超过3%,同时中国土地流转比例呈现"南高北低、东高西低"的时空格局(王佳月等,2018)。当前,农村土地的流转形式和流转主体趋于多样化,从过去以转包、出租为主的单一流转形式转变为出租、转包、转让、互换、入股,以及托管等多形式并存的流转模式(邹亮亮,2020a;邹亮亮,2020b),并且流转主体也由承包户之间的流转扩大到村集体、农民合作社,甚至一些企业也逐渐成为农地流转的主体(姜梦露,2022)。值得注意的是,越来越多的农户选择跨村流转土地,土地流转给村外对象的户数占转出总户数的比例从2015年的21.50%增加到2018年的26.92%(王震和辛贤,2022)。

然而,近年土地流转呈现"增速下降"和"内卷化"的态势(史艺萌,2021)。农业农村部公布的数据显示,2016、2017和2018年中国农村承包地流转面积分别为0.32亿、0.34亿、0.35亿公顷,2014—2017年期间土地流转面积同比增长分别为18.3%、10.8%、7.2%、6.9%,由此可以看出近年土地流转的规模虽然呈上升趋势,但是土地流转的增速逐渐下降,土地流转呈现出"内卷化"的态势(匡远配和陆钰凤,2018)。截至2020年底,在全国农地流转比例超过1/3的现实情形下,全国仍有2亿户土地经营规模不足10亩的小农户(刘艳等,2022)。土地流转尚未改变我国农业的小农面貌,并逐渐呈现出了小规模转入与部分转出对应的"小农户复制",以及对农业生产效率作用递减等特征,这样一种没有推动农业适度规模经营趋势出现的土地流转属于"没有发展的增长",也就是土地流转的"内卷化"现象(匡远配和陆钰凤,2018)。

(二)土地流转的区域差异明显,且受到多层次因素的影响

城镇化、种植业成本偏高、农业比较效益偏低,以及当前土地制度"缺陷"等因素是土地流转区域差异的主要驱动因素(黄祖辉等,2014;王亚辉等,2018;韩春旭和冯华超,2022)。尤其是城镇化和工业化的快速推进,提供了大量的非农就业机会,农村劳动力大量外流,导致农村家庭收入结构、劳动力结构等方面的改变,进行改变土地利用方式(Wang et al.,2020a)。实证研究表明,非农就业会显著影响农户土地流转,当农户外出务工比例增加10%,农户转出土地的概率则平均增加4.77%,同时转出土地的面积平均增加3.89%,非农收入与土地流转存在长期的均衡关系,两者相互影响,非农收入的增长是促进土地流转的重要原因(钱忠好,2008;许恒周和郭玉燕,2011;钱龙等,2019)。此外,土地流转还受到诸如土地质量、地理区位、交易成本、农业兼业行为、村庄特征等多种因素的影响(钱忠好,2008;罗必良和李尚蒲,2010;王亚辉等,2018;吴偎立等,2022)。例如,农户的兼业程度与土地流转概率呈现正相关,不同生计策略下农民的生计资本影响土地流转的方向和面积(张忠明和钱文荣 2014);同时,自然资本和人力资本越高,土地转入的概率越大,转入土地的面积也越大,而金融资本和社会资本高的农户更偏向流出土地(李卓等,2021);农机服务能够促进土地流转,在其他条件不变的条件下,机械服务比重每提高1%,稻农的平均土地流转概率将提高2.4%,土地流转面积平均增加1.34亩(Yu et al.,2021)。此外,也有学者指出农户对于土地的功能和情感的依赖是土地流转过程中最大的困境(程军和刘玉珍,2021),新型农村社会养老保险的实施能够显著促进60岁以上老年农户转出土地,新型农村社会养老保险对农村传统的土地养老保障功能具有替代效应(张亚丽等,2019);农地确权在促进土地流转方面也起了至关重要的作用(冯华超和钟涨宝,2019),确权村的土地流转比例相较于非确权村则显著提高了5.4%~6.1%(Wang et al.,2018;史艺萌,2021)。

在土地承包关系长期不变的政策条件下,土地流转市场是当前配置土地资源的主要制度。土地流转能够促进土地规模经营,解决耕地细碎化造成的生产成本过高的问题,实现土地资源和劳动力的优化配置(杨慧莲等,2019;柯炼等,2022),提高土地利用效率和劳动生产率(王海娟,2016),提供农民收入,以及促进农户间的公平(Huy et al.,2016)。此外,土地流转具有减贫效应。

对于转入土地的农户来说,通过土地集中所产生的规模效应来增加收入;对于转出土地的农户来说,可以通过增加收入途径提高收入(张亚洲和杨俊孝,2021)。然而,当前农村土地流转依然存在着不可忽视的问题,关乎农民的切身利益,影响着农村社会的稳定。

(三)土地制度与社保制度一定程度上阻碍了土地流转

土地流转市场不完善,交易成本过高(Huy et al.,2016;王亚辉等,2019;彭小霞,2021)。目前,土地流转市场有待完善,交易过程中损失与收益的核算、外部边际成本的实际界定和不确定风险的规避等影响土地要素市场化流转中搜寻、履约、游说,以及谈判等交易成本(陈美球等,2014)。与此同时,土地流转机制不健全,政府职能的"错位"与"缺位"导致土地要素的市场化流转成为"空制度"(郝丽霞,2013;范怀超和白俊,2017),加之农民知识结构总体水平较低和信息的不对称性,在信息搜集、谈判决策等方面农民处于劣势地位,完成土地流转需要投入较多的精力和时间(武舜臣等,2022),即使是农户间自发形成的直接式流转行为也存在严重的不确定性和风险性(张溪和黄少安,2017)。因而,当前农户间的相互流转大部分只有口头协议,没有书面合同,即使签订合同,受市场波动、自然灾害等因素影响,特别是近年来粮食等农产品生产比较效益下降,也会导致一些流转土地的经营主体因亏损而毁约甚至"跑路"现象(林乐芬和滕菲,2021)。统计显示,近些年土地流转纠纷不断增加,2010年农地流转纠纷为64428件,2013年增加至74314件,相较于2010年增加了9886件,增长幅度达到15.34%。此外,土地流转会给粮食安全、生态环境、社会稳定带来副作用,负外部性引致的交易成本升高也是不能忽视的(何一鸣和罗必良,2012)。

农村社会保障制度不完善,农民土地保障功能较明显,当前农村社会保障体系的不健全,覆盖面较小,保障标准较低,在社会保障方面出现了供需不平衡的困境,加剧了农户与土地之间的紧密联系,增加了土地流转的困难(彭卫兵和张晓敏,2010;徐美银,2014;程军,2020;李思思,2020)。同时,社会各界普遍认为土地是农民的"命根子",既有研究表明,土地社会保障功能远远超出农业本身,耕地对农民所具有的就业、养老等基本生活保障的功能是其直接经济效用的4倍,这也是导致农民对耕地依赖性强、具有乡土情结的直接原因(邱幼云,2014;李思思,2020)。尤其是生产生活根植于乡土之中的"农一代",该类农民对于土地的依赖和眷恋大大降低了流转的意愿,增加了农地流转的难度,并且随着社会经济发展,土地对于农民就业、增收的功能减弱,大多数兼业农民,农忙时回家务农,农闲时外出务工以获得最大的边际报酬。如果承包地农户将土地流转出去,意味着将会失去土地的社会保障功能,使得土地利用效率低下,造成农村土地资源浪费,当前农村社会保障体系不健全,也在一定程度上阻碍了土地流转(郑阳阳和罗建利,2019)。

(四)土地租金区域差异明显,耕地资本化与"贬值"现象并存

土地流转价格区域差异大,缺乏合理的定价机制,不同地区存在耕地过度资本化或耕地资产"贬值"的现象(王亚辉等,2019;程建等,2022a;程建等,2022b)。部分平原地区,耕地流转价格过高,甚至超过了粮食种植在规模化和农户对耕地租金非理性预期下,耕地租金不断上涨,土地成本占农业经营成本的比重增加,超过粮食种植所能承担的合理水平,出现土地过度资本化,导致经营者倾向于将土地进行"非粮化""非农化"利用,以获得更高的经济效益(全世文等,2018);相反,在丘陵山区,由于地块破碎,农业经营成本高,农户收益低,农民偏向于选择外出打工,将自家的耕地"零租金"转出,随着劳动力成本的增长,"零租金"流转的耕地也无人耕种,大面积耕地弃耕,耕地价值无法实现,造成耕地资产"贬值"(王亚辉等,2019;Wang et al.,2020a)。

在土地流转不断推进的过程中,土地流转租金问题受到高度关注。土地流转租金的高低受自然、区位和社会经济等多种因素的影响,但随着土地流转市场的发育,自然因素对土地租金的影响在减弱,社会经济和区位因素的影响程度却在不断增强(Wang et al.,2018)。宏观层面的社会因素表现为土地政策与农业补贴(徐娜和张莉琴,2018)、粮食价格与劳动力转移(王倩等,2021)、非农就业比率(Gao et al.,2020)、交易双方信任关系(蒲丽娟,2020)、议价能力(骆康等,2021)和农户关系网络(李朝柱等,2020)等。中国耕地流转租金区域差异较大,云贵高原区和黄淮海平原区租金较高,比全国平均值分别高出32%和23%,而北方干旱半干旱区租金较低,租金约为全国均值的一半(徐羽等,2021)。当前,中国农村土地的"零租金"流转比例超过50%(Wang et al.,2019);而部分地区却面临着土地成本显性化带来的问题,耕地租金持续上涨,成为推动农业生产总成本上升的重要因素,种粮收益下降,一定程度上导致了耕地"非粮化""非农化"(全世文等,2018)。

二、土地规模经营研究

(一)适度规模经营受多种因素的影响,且得到国家政策支持

为了提高农业劳动生产率、增加农民收入及保障粮食安全,促进农地规模化经营是现阶段中国农地利用转型的重要方向,适度规模经营是发展现代农业的必由之路(王亚辉等,2017)。中央出台了一系列政策以鼓励探索符合中国国情的适度规模经营实现路径。与此同时,近年学者们对于影响农地规模经营的因素已经展开丰富的研究。村庄的经济发展对农地规模经营具有显著的推动作用,村庄整体非农就业水平影响农地规模经营的发展(张忠明和钱文荣,2008),同时农户规模经营的意愿、农业补贴政策、外部环境也会对农地规模经营产生影响(冯娜娜等,2022;马俊凯等,2022;陈荣源和林文声,2022)。其中,农户规模经营的意愿与自身年龄、文化程度、家庭收入结构以及社会保障制度有关。老龄化现象严重、文化程度较低、缺乏资金技术、家庭非农收入占比高,没有充分享有社会保障的农户规模经营的意愿较低(王亚辉等,2018;郑阳阳和罗建利,2020;蒋甲樱等,2022;阮海波,2022;沈琼和潘禹锡,2022;张兰等,2022)。

(二)不同地区与目标下的适度经营规模仍未形成统一标准

适度经营规模是与农业生产要素相匹配、让生产力要素实现最佳组合的规模。已有学者对农地适度规模经营的规模进行测度,但是不同目标导向、不同地区、不同技术条件下测算得出的农地适度经营的规模均不相同(侯孟阳等,2022)。从粮食生产整体层面的经济效益来看,农户粮食种植的适度规模在150~200亩之间,但由于资源禀赋(郭阳和徐志刚,2021)、农户意愿(郑阳阳和罗建利,2020)、支持政策(周静,2020)、生产技术,以及生产对象的特性(王化起和朱娅,2020)等的差异,不同区域的适度规模经营的标准存在明显差异。长江中下游地区水稻和黄淮海地区小麦在100亩左右,而东北平原地区玉米则超过200亩(邱楠,2016)。总的来说,在土地经营权可以正常流转

的前提下,地形地貌、气候条件、生产对象特性、耕种模式、基础设施条件、装备水平、生产要素可及性、社会化服务、技术效率、产品价格、生产成本,以及经营风险等诸多因素都会影响土地规模经营的效益和规模的适度水平(张晓恒和周应恒,2018)。所以,当前学界对"适度规模"的"普适性"标准仍然没有达成统一的结论(周记顺和李慧芸,2022)。

由于研究视角、区域性特征、生产经营品种结构、市场供求结构、经济社会发展阶段,以及不同要素的匹配结构存在差异,农地规模与农业生产率的关系存在争议。部分学者认为提升农业经营规模有助于提高农业全要素生产率,提升农业生产效益(高梦滔和张颖,2006;李谷成等,2010;张琛,2022)。相反,另外一部分学者却并不承认规模化效益的存在,甚至有学者表示规模化经营会导致经济效益下降(刘凤芹,2006;许庆等,2011;王建军等,2012)。目前,大量的实证研究发现,土地规模和土地生产率间并不存在必然的线性关系,两者呈现出"先降—后升—再降"的倒"U"型变化趋势(陈杰和苏群,2016)。在农地经营规模不断扩大的过程中,农业现代化进程也不断加快,农业机械、化肥、农药等生产资料也得到了广泛的使用。与此同时,农地经营规模的扩大将使农户拥有更强的自然灾害抵御能力,从而提高土地产出率。然而,当经营规模过大,超过农户家庭的经营管理能力后,会产生农业生产所需投资过大、农业雇工过多等一系列规模不经济的问题(Xu et al.,2019;Wang et al.,2020)。因而,部分学者认为农地经营的规模存在一个"门槛阈值",当农地经营规模低于该阈值时,随着农地经营规模的扩大,农业各生产要素配置状况将不断优化,因而农地产出率将不断提高;当农地经营规模超过该阈值而进一步扩大后,受农户经营管理能力、农业资本、劳动力等生产要素的制约,农业各生产要素的配置状况将趋于恶化,此时农地产出率将随农地经营规模的扩大而下降,所以两者存在倒"U"型关系(王亚辉等,2017)。

(三)适度经营规模依然是未来提高农业竞争力的重要途径

随着农业集约化、规模化不断推进,中国农业生产面临新的问题和挑战。地方政府为了政绩,盲目推进农业规模化、产业化,以扩大土地规模为支撑的农业规模化、产业化,不断提升农业的装备系数、技术系数、资本系数,这就造成了农业生产成本随之增加,资本增密,使得规模化生产带来的收益也不足以弥补快速增加的生产成本。使得粮食生产无利可图,在市场竞争中缺乏优势,农户只能通过大量使用农药化肥除草剂来提高农业产出,随之而来的是水、土、气的污染,农业将呈现高污染的趋势,农村资源被破坏、农业发展不可持续(温铁军等,2016)。

从目前世界市场状况来看,粮食产业竞争力很大程度上取决于经营规模(刘凤芹,2006;许庆等,2011)。总体来看,由于不同因素起作用的方向并不一致,对经营规模大小与产出之间的关系需要重新审视。从土地生产率、劳动生产率、成本利润率、技术效率等不同角度分析,不同规模经营农户存在明显的差异,如何引导和权衡不同类型规模经营农户的利益仍面临诸多问题(李谷成等,2010)。因而,确定农地经营的适度规模不仅有研究视角的问题,且要考虑发展阶段性、区域性、生产品种自身特征、生产要素配置、生产组织方式、科技支撑,以及专业化水平等问题。

三、土地流转与适度规模经营

土地流转是农地规模经营的重要途径之一,为农业规模经营提供前提条件。农业适度规模经营是人多地少国家提升农产品竞争力、实现农业现代化的必由之路。目前土地流转推动的土地规模经营与农业社会化服务推动的服务规模经营是实现中国农业规模经营的重要途径(梅付春,2012;梅付春和马开轩,2022)。通过土地流转,使得零碎、分散的地块集中整合,减少了边界和田埂造成土地浪费,促进有限的农地资源向农业经营主体配置(洪银兴和王荣,2019),中国农业生产要素总量不足与有限的生产要素时空错配的矛盾能在一定程度上得到缓解,耕地细碎化问题能在一定程度上得到解决,农业机械使用效率和农业生产效率得到提高(黄季焜和马恒运,2000)。因此,土地流转市场发育被认为是提升农业生产效率和实现规模经营的必然选择(黄季焜,2008;徐志刚等,2017)。然而,由于土地流转过程中仍存在着地方政府过度干预、土地流转交易成本偏高等问题(孙新华,2017;王亚辉等,2019;Wang et al.,2020b),使得通过土地流转实现农地规模经营的效益降低。当前,全国诸如安徽怀远、广西崇左和四川什邡等地区的农户已经自发地开展耕地互换并块、小块并大块、一块田等改革探索,旨在实现一户一块田以期解决当下农村土地零碎化问题,有助于进行规模化生产,同时能够带来巨大的经济效益和社会效益。毋庸置疑,在当前土地制度运行成本居高不下的背景下,土地流转是实现农地规模经营的主要途径,但不能将其作为唯一途径,要积极探索实现农地规模经营的多种途径。

在追求适度规模经营的同时,促进小农户与现代有机农业有效衔接。尽管有国家、市场、资本等力量的介入和影响,但有部分村庄并未发生大规模的土地流转,仍然维持着以小农农业为主的农业格局。以家庭为单位进行农业生产经营的小农仍然是中国当前最主要的农业经营主体,"大国小农"仍然是中国最基本的国情。与此同时,当前中国部分地区出现了"再小农化"趋势。在地方的农业转型实践中,行政力量主导推动大规模土地流转,形成了以外来资本为主的规模经营主体。然而,资本化的规模经营主体在土地和劳动力等生产要素的竞争性分配中面临着不断上涨的成本压力,利润空间受到压缩,纷纷转型或退出农业生产领域。与资本化规模经营主体相比,中国独特的"半工半农"式代际家庭结构模式具有明显的优势(张咏梅和周亚平,2011)。

值得注意的是,全国农户家庭承包耕地流转面积的增速由2018年的18.3%环比下降至2019年的3%,2019年全国经营耕地10亩以下的农户数量占比仍然高达78.2%,小规模经营仍是我国农业最基本的经营方式,所以农业规模化经营绝不仅仅是经营面积大小的简单变化,而是整个生产方式的跨越提升。在这一过程中,基础设施建设、机械装备配套、新型经营主体培育、社会化服务体系建设、生产要素市场建设、政府支持保护方式等方面都需要进行相应变化。特别是提高社会化服务水平,推动农业社会化服务推动的服务规模经营,通过土地的规模扩大和服务的规模扩大实现农业生产要素的优化组合,共同推进农业适度规模化经营。

四、研究评述

(一)文献评述

在土地承包关系长期不变的政策条件下,土地流转市场是当前配置土地资源的重要途径之一。近年来,中国土地流转市场活跃,流转形式和流转主体多样化,越来越多的农户选择跨村流转土地。土地流转的区域差异受多种因素的影响,比如地块禀赋、地理区位、市场状况、社会保障功能、家庭特征、村庄特征,以及土地制度造成的土地细碎化等因素。与此同时,土地流转有助于提升劳动力资源和土地资源的有效利用,提高土地利用率,能够扩大农户的收入途径,增加农户收入,具有减贫效应。但是,当前土地流转呈现"增速下降"的趋势,土地流转呈现明显的"内卷化"。究其根源是由于市场机制不健全、交易信息不对称、政府职能缺失、交易成本过高、农户恋土情节严重等问题所致,这在一定程度上阻碍了土地流转稳定有序推进。此外,由于缺乏合理的定价机制,土地流转租金是影响土地流转的重要因素之一,同时也是土地流转过程中产生的负效应。中国耕地流转租金区域差异较大,当前超过一半的土地为"零租金"流转,但城郊和平原地区却面临着土地成本显性化带来的农业经营成本过高的问题,耕地过度资本化与耕地资产"贬值"共同影响土地流转市场的健康发展。

适度规模经营是当下发展现代农业的重要途径,而土地流转推动的土地规模经营是实现农业现代化的重要举措,促进农地规模化经营是现阶段中国农地利用转型的重要方向。关于土地规模经营与农地生产率关系存在争议,现在大部分学者认为农地生产率与土地经营规模之间存在一种倒"U"型关系。目前学界对"适度规模"的"普适性"标准尚没有统一的结论,因为不同目标导向、不同地区、不同技术条件下测算得出的农地适度经营的规模均不相同。研究发现,非农收入占比小、农户文化程度低、缺乏资金技术的农户规模经营的意愿较低。同样,农地规模经营同样也面临着新的挑战和问题,集约化、规模化生产,农业机械和资本投入增大,获得的收益难以弥补快速增加的生产成本。

(二)研究立意

总体来看,现有文献已对土地流转与农业适度规模经营开展了较为全面的探究,但就土地流转的时空格局、驱动因素、土地流转过程的交易成本测算、租金区域差异等方面仍存在一些不足,具体来看:第一,从土地流转的时空格局上看,土地流转的时间跨度较短、区域范围较小,难以从长时间序列和全国视角揭示土地流转格局;第二,从土地流转区域差异的驱动因素上看,多数采用多元线性回归模型、空间计量模型等方法识别土地流转区域差异的影响因素,但未考虑土地流转过程中的自选择性问题(发生土地流转的农户具有一定的特征),未能解决土地流转过程中的内生性问题;第三,从土地流转交易成本上看,多数已指出土地流转中存在较高的交易成本,但鲜有研究定量测算土地流转过程中交易成本的规模,难以提出降低交易成本的针对性政策;第四,从土地流转租金上看,部分学者认为土地流转租金近年呈现快速上涨趋势,而另外一部分学者认为土地流转中存在大量"零租金""人情租"等现象,鲜有研究者从全国不同地区开展土地过度资本化和耕地"贬值"的比较性研究;第五,从土地适度经营规模的确定上看,受不同地区与目标导向等条件限制,不同农业区的"最优"适度经营规模可能存在显著差异,鲜有研究针对不同地区、不同目标导向等条件测度土地适度经营规模,难以对农业经营规模的动态调整进行响应;第六,受土地流转过程中交易费用的影响,土地流转已经难以实现规模经营户预期的农业经营规模,全国多地开始探索降低土地流转交易成本的举措,但鲜有研究对其进行系统性梳理,难以指导不同地区农业适度规模经营的实现。

鉴于此,基于中国农村家庭追踪调查、农村固定观察点数据库,以及典型案例区农户调研等多源资料,本研究首先在系统梳理土地流转与农业适度规模经营政策的基础上,系统厘清近年农村土地流转的时空特征与驱动因素;其次,构建了土地流转过程中的交易费用分析框架,量化土地流转过程中的交易费用规模,以及其对土地流转的影响;最后,定量评估土地规模对农业生产成本的影响,给出不同目标下农户家庭的适度经营规模,并梳理全国不同地区土地适度规模化经营的改革举措,为促进土地流转和农业适度规模化经营提供参考,同时深化对"三权分置"等土地制度改革的认识,并为提高粮食生产能力和实现粮食生产的可持续发展提供理论与实践支撑。

第三节 研究方案

一、研究目标

在梳理基础理论、土地流转和农业适度规模经营等政策的基础上,借助中国农村家庭追踪调查数据、农村固定观察点数据库,以及典型案例区农户调研等资料,厘清中国农村土地流转规模、期限、途径、用途,以及租金等时空格局特征,并揭示土地流转区域差异的驱动因素与机制;在此基础上,构建交易费用理论框架,测算土地流转过程中交易费用的规模,定量评估交易费用对土地流转规模与租金等方面的影响;最后,借助计量经济学模型估算土地规模对农业经营成本的影响程度,估算不同目标情景下(成本最低、劳动生产率最大与收入均等化)农户家庭"最优"经营规模,并系统整理全国各地实现土地适度规模化经营的典型模式,为推动中国农村农业适度规模经营提供指导。

二、研究内容

(一)土地流转时空格局特征与土地流转区域差异的驱动机制剖析

首先,在系统梳理近年土地流转与农业适度规模经营等政策的基础上,揭示全国和典型案例区农村耕地流转的特征,具体包括土地流转规模、期限、途径、用途,以及租金水平等;其次,探究全国各地土地流转水平与租金的差异特征,并借助 Heckman 两阶段模型揭示区域土地流转差异和土地租金差异的驱动因素。

(二)土地流转中交易成本规模及其对土地流转水平与租金的影响

在构建土地流转交易成本理论框架的基础上,系统测算土地流转过程中交易成本的规模(土地流转交易花费资金与时间),评估交易成本对土地流转水平与土地流转租金的影响;在此基础上,借助交易费用理论,系统揭示了不同区域耕地过度资本化和耕地资产"贬值"的特征及相应的驱动机理,深化对区域差别化耕地利用与保护的认识。

(三)土地规模对农业经营成本的影响及最优适度经营规模的确定

在构建土地规模对农业经营成本影响理论框架的基础上,系统量化土地规模差异对农业经营成本的影响;之后,系统量化不同目标情景下(农业劳动生产率最大、农业经营成本最低和农户家庭收入均等化)农户家庭最优耕地经营规模,为当前家庭农场的适度规模的确定提供实证依据。

(四)土地适度规模经营的国际借鉴,以及不同地区实践模式总结

系统梳理了美国和日本等国家土地适度规模经营的演变规律与经验;与此同时,详细阐述了当前全国不同地区实现土地适度规模经营的实践与模式,具体包括服务规模化、土地银行、小块并大块、一块田以及破田坎等做法,旨在提供促进土地适度规模经营的模式。

三、技术路线

本研究遵循"研究背景与数据收集—土地流转特征与驱动因素—交易费用的测度与影响评估—土地适度经营规模的确定—土地适度规模经营模式总结"的逻辑开展研究,具体技术路线如图1-1所示:

(一)研究背景与数据收集

基于耕地撂荒、土地流转"非正规性",以及国家粮食安全等现实需求,参考区域和时间的异质性,收集土流网、浙江大学农村家庭追踪调查数据库和典型案例区农户家庭调研等资料,构建土地流转与农业适度规模经营数据库。

(二)土地流转特征与驱动因素

系统揭示了全国和典型案例区农村耕地流转的特征,具体包括土地流转规模、期限、途径、用途,以及租金水平等,并借助Heckman两阶段模型探究不同区域土地流转差异和土地租金差异的驱动因素。

(三)交易费用测度与影响评估

在构建交易费用对土地流转影响理论框架的基础上,定量测算了农村耕地流转过程中的交易费用规模,并揭示交易费用对土地流转水平与土地流转

租金的影响;同时,系统揭示不同区域耕地过度资本化和耕地资产"贬值"的特征及相应的驱动机理,为制定区域差别化的耕地保护制度提供实证依据。

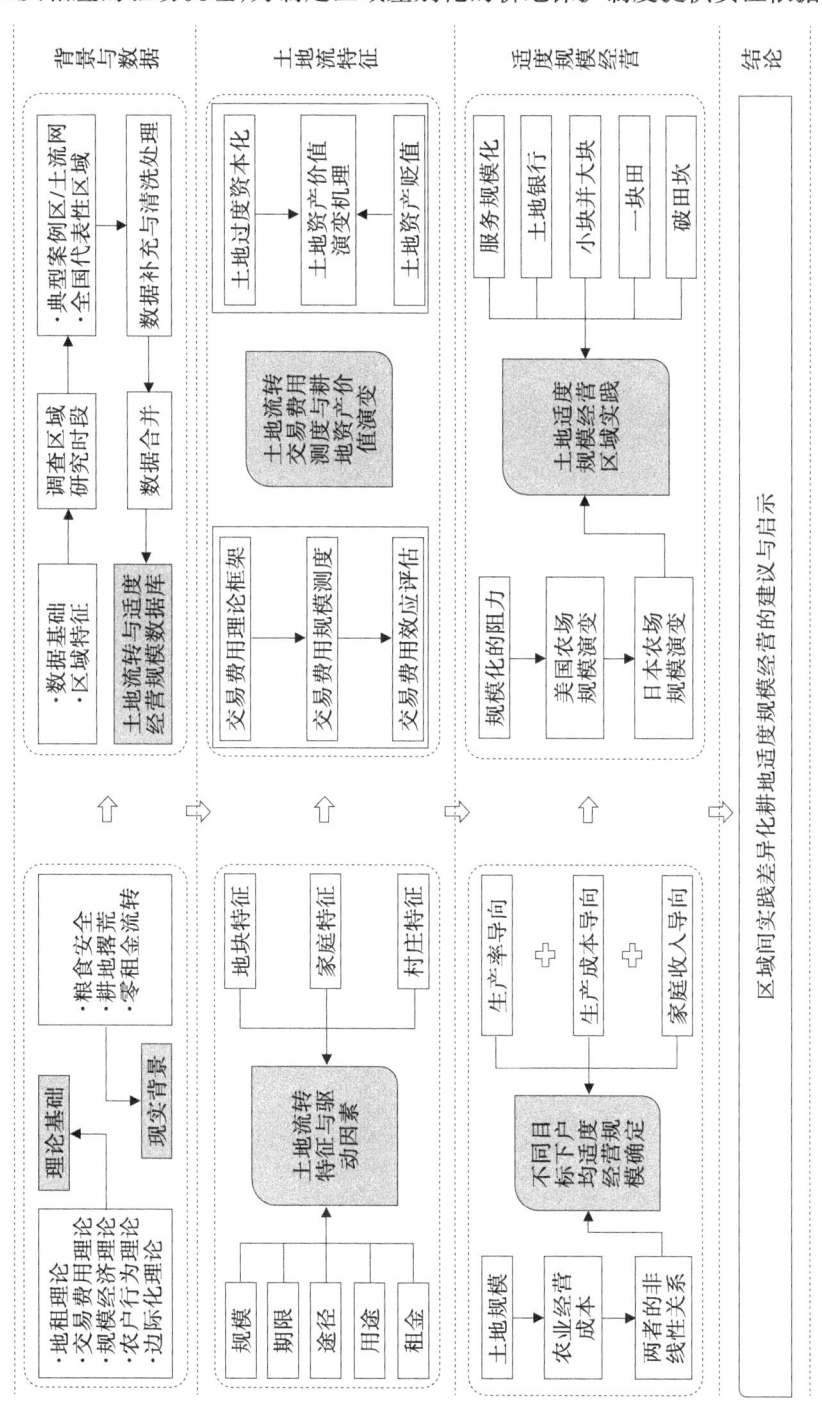

(四)土地适度经营规模的确定

构建土地规模对农业经营成本影响的理论框架,并系统量化土地规模差异对农业经营成本的影响;同时测算了当前不同目标导向下的中国家庭最优农业经营规模,即系统测算了以生产率为导向、以成本为导向和以收入为导向的家庭最优经营规模,为当前家庭农场的适度规模的确定提供实证依据。

(五)适度规模经营模式总结

系统梳理了美国和日本等国家土地适度规模经营的演变规律与经验,并详细阐述了当前全国不同地区实现土地适度规模经营的实践与模式,具体包括土地银行、小块并大块、一块田、破田坎,以及服务规模化等做法,旨在提供促进农业适度规模经营的经验与模式。

第二章 理论基础

第一节 地租理论

土地经济学与土地利用变化研究的基础理论是地租理论,其为土地利用变化提供了强大的解释力。自西方经济学问世以来,不同阶段均有学者对地租理论及其问题进行研究,主要内容包括地租产生原因、地租形式、地租区域差异,以及对现实问题的解释等。整理相关文献可以把地租理论大致分为四个阶段,即17世纪中期至19世纪初的古典学派地租理论,代表人物有威廉·配第、亚当·斯密和大卫·李嘉图;19世纪初至19世纪下半叶新古典学派地租理论,代表人物杜能;19世纪下半叶至20世纪初的马克思主义地租理论,代表人物马克思和恩格斯;20世纪初至今的现代西方经济学地租理论,代表人物阿隆索和马歇尔。当然,就土地利用变化的解释而言,不同的问题则需要结合不同的理论进行解释。

一、古典学派地租理论

威廉·配第在《赋税论》中提出地租的概念,即在土地上进行农业生产所得成果扣除生产投入和维持劳动者生活必需后的剩余收入(刘万明,2010)。具体内容包括:地租产生的原因是土地肥沃程度和离市区距离的差异;地租数量与工人工资高低成反比例。威廉·配第的地租概念为后续级差地租理论的发展奠定基础。但其地租理论仍然具有一定的弊端,比如没有涉及利润的范畴,把地租与剩余价值混为一谈,未认识地租的本质,并且未提出绝对地租。

亚当·斯密在《国富论》进一步发展地租理论,并首次将地租理论的范围从农业用地扩展到非农用地。具体包括:地租是土地使用者为了获得土地的使用权而支付给地主阶级的代价;地租是劳动生产物或其价值的一部分,在工人劳动产品中直接扣除；地租的本质是一种垄断价格，与土地使用者的支付能力成比例。然而，亚当·斯密的地租理论仍存在一定弊端，即否定工人的剩余劳动是地租的来源，掩盖资本主义的剥削本质，同时混淆价值和生产价格的概念，颠倒了地租和利润的关系。

大卫·李嘉图是西方古典学派的集大成者，他提出了级差地租的概念，为马克思主义地租理论奠定了基础。李嘉图在1817年发表的《政治经济学与赋税原理》中，运用劳动价值论研究了地租，对级差地租做出突出贡献。李嘉图认为，在资本竞争的条件下，耕种不同质量土地的资本要求获得相同的净收益率。农产品市场价格必然由劣等土地产品的劳动耗费决定，优、中等土地就会得到一个超过平均水平的差额利润，这个差额便转化为地租归地主所有。然而，大卫·李嘉图的级差地租理论同样存在一定弊端：其一否定绝对地租的存在；其二自身阶级的局限性使他未意识到土地的垄断是地租产生的根本原因。

二、新古典学派地租理论

约翰·杜能在1826年《孤立国同农业和国民经济的关系》中对土地区位与地租的关系进行了详尽阐述，首次阐述了"孤立国"的农业区位理论，即"杜能圈"。其从农业生产区位出发阐明了农产品生产地到市场的距离对土地利用类型产生的影响。在该理论中，影响地租唯一的因素是运输费用，所以形成了以城市为中心、界线明显的同心环生产格局，每个环有对应的农产品及农作制度。距离城市越远，产品的运输费用越高，地租越低；那些运输时间和运费最为敏感的蔬菜瓜果等就分布在最靠近城市的圈层；而最外围则是粗放的农业，包括谷物种植和畜牧业养殖等。杜能的农业区位理论的意义在于它揭示了在相同自然条件下从单一市场到郊区由于地租差异所形成的农业生产方式空间配置规律。"杜能圈"最重要的成因在于运费的差异，所以地形条件和土地质量差异、运输业发展，以及冷冻技术的采用在一定程度上打破了围绕中心市场分布的土地利用格局。直到今日，许多大中城市周边仍可以找到"杜能圈"的影子，而且对于以运输为决定因素的农业生产方式布局，"杜能圈"模式仍具有相当重要的应用价值（李金峰和时书霞，2014）。

三、马克思主义地租理论

马克思将地租定义为自然力所有者或纯自然产品的价格,是自然资源使用权或使用简单自然产品的权利。马克思提出了级差地租,即由农产品个别生产价格低于社会生产价格的差额构成的超额利润转化而成的地租,产生的条件是土地资本主义经营权的垄断和农业雇佣工人的超额剩余劳动价值。级差地租可以分为级差地租Ⅰ和级差地租Ⅱ。级差地租Ⅰ是指等量资本投入到等面积的土地上,因土壤肥力和地理位置的差异产生的超额利润转化的地租。级差地租Ⅱ是指对相同的土地进行连续投资产生的较高生产率而产生的超额利润转化的地租(赵敏,2022)。此外,马克思还提出绝对地租和垄断地租的概念。即土地所有者垄断具有某种独特的优越自然条件的土地所有权,进而占有超过生产价格的超额利润的特殊地租。产生的条件是稀缺土地所有权的垄断和雇佣工人的超额剩余劳动价值,垄断地租数量由购买者的消费欲望和消费能力决定。

四、现代西方经济学地租理论

按照均衡价格理论,地租是由土地市场上的土地供给曲线和土地需求曲线的交点决定的。土地供给无弹性,其市场供给曲线为一条垂直线(这里假定土地没有自用价值),即图2-1的S线,土地总供给量始终为Q_0,土地的需求是决定地租的唯一因素。供给曲线与需求曲线D的交点E就是均衡点,OR_0为地租水平,OQ_0是土地的数量。

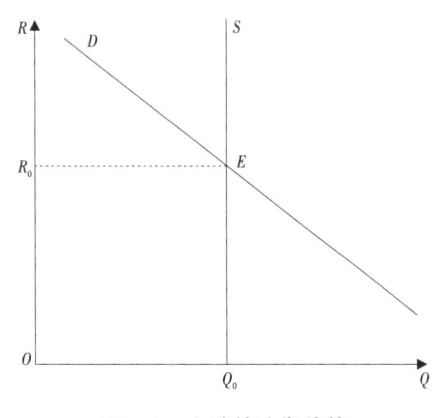

图2-1 土地的均衡价格

土地的需求取决于它的边际收益产品,土地的边际收益产品(MRP)的差异导致不同土地地租的差异即级差地租。根据 MRP = MPP(要素的边际物质产品)×MR(要素生产出来的产品的边际收益),故导致 MRP 差异有两方面的原因:一是 MR 的差异,特定商品的需求越大 MR 越大。二是 MPP 的差异,对于工业而言,土地的地理位置不同就会导致土地的生产率不同;对于农业而言,由于土地的肥沃程度不同导致土地的生产率不同。

图 2-2 呈现了优等地与劣等地地租的比较。图中左边表示优等地的地租,工人的工资水平是 OW,工人的数量为 OQ,边际生产力曲线为 FH,因此,雇佣工人的工资总额为 $OWHQ$ 所围成的矩形面积,地租为 WFH 所围成的扇形面积。右边所示为劣等地的地租,同样的工资水平 OW,工人人数减少为 OQ_1,边际生产力曲线为 F_1H_1,此时,雇佣工人的工资总额为 OWH_1Q_1 所围成的矩形面积,地租为 WF_1H_1 所围成的扇形面积。通过对比,优等地的地租明显大于劣等地的地租,两者之间的差额 FF_1H_1H 所围成的扇环面积即为级差地租。

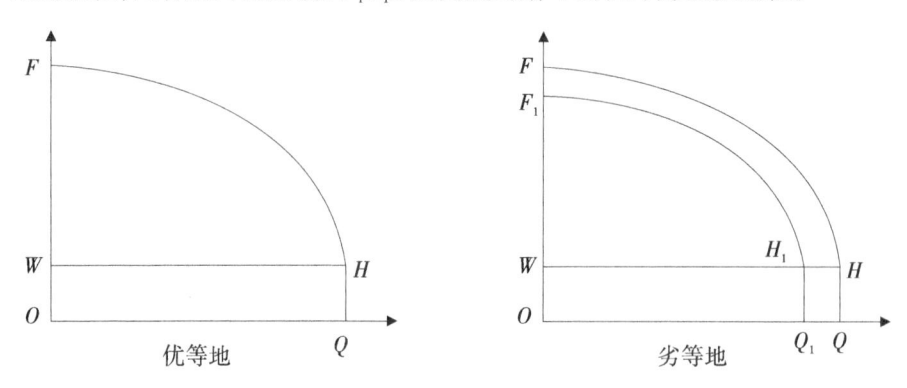

图 2-2　优等地和劣等地的地租比较

第二节　土地边际化理论

土地边际化的内涵相对较为丰富,不同学者对其的理解不尽相同。多数学者认为农地边际化是指农地利润从多变少的过程,比如从耕地到牧草地等,而部分学者则认为,农地边际化是多种因素驱动的过程,比如社会经济发展、自然环境改变及制度变迁等,在该过程中农地逐渐变得不具有生产能力的过程(Ortyl and Kasprzyk,2022)。虽然不同学者对边际化的定义略有差异,但他们均认同:土地生产能力变化是农地边际化的核心内涵;在农地出现边际化现象时,农地利用方式相应地发生变化;农地边际化是社会经济发展、自然环境改变和制度变迁等多种因素共同驱动的结果;受驱动因素变化影响,农地生产能力不断发生变化,农地边际化是一种动态过程的变化(刘成武和李秀彬,2006)。基于以上分析,农地边际化可以分为狭义和广义两种内涵:

农地边际化是指在经济、社会与自然条件等因素共同作用下,农地在当前用途下的"无租化"现象。"无租化"现象的典型例子即耕地撂荒,其本质是农地经营利润的下降,并且经营利润小于或等于零的状态,用公式可以表示为:

$$\omega = PQ - I_{L1} - I_C - I_{L2} \qquad (2-1)$$

公式(2-1)中 ω 为亩均耕地利润;PQ 表示亩均农产品总产值;I_{L1} 表示亩均劳动力成本;I_C 表示亩均物质投入费用;I_{L2} 表示亩均土地成本。当 $\omega \leq 0$ 时,说明农地利用的总产值已无法补偿其生产成本,农地的经济生产能力消失。此时土地利用方式处于"边缘"状态,农地利用的"低端边际化"现象开始出现。

为了应对土地边际化现象,农户一般采用以下应对模式:从一种农地利用到另一种农地利用的变化。比如,耕地向永久牧草地转变(典型的是复杂的农业系统向简单的畜牧业系统转变)、农地利用的"粗放化"现象(比如减少劳动和资本投入、基础设施投资,以及水稻等作物复种指数的下降)等(蒋敏等,2019)、农业系统的萎缩(比如原本较集约经营的土地转变为粗放经营甚至撂荒)、农地经营权流转(比如农户依靠原有的耕地无法支撑生计而被迫外出务工,把耕地流转出去,发生农地经营权流转),以及农地非农化(比如耕地转变为城市建设用地等)等(刘成武和李秀彬,2006)。

第三节 农户行为理论

农户行为是指在一定经济政策及资源禀赋等条件下,农户为了实现家庭总收入最大化等既定目标而选择的经营方式、经营规模等一系列经济活动的过程。一般而言,影响农户经营行为的因素主要来自两个方面,其一是家庭内部,包括家庭成员的素质高低、家庭收入水平及消费偏好等;其二是家庭外部因素,包括政策变化、地理区位及基础设施等(Yan et al., 2016)。国外,在农户行为理论研究主要分为三个学派:自给小农学派、理性小农学派和过密化小农学派(万相昱等,2017)。

自给小农学派的代表是俄国的恰亚诺夫(1888—1939年),其在《农民经济的组织》中阐述了自给小农行为的观点:农户的经济行为与资本主义企业存在差异,具有"家庭劳动农场"性质;在经营目标上,资本主义农场以追求最大利润为目标,而农户经营以满足家庭需要为目标;小农行为受制于特定的社会关系;自给小农经济行为的主导动机是"避免风险、安全第一"(徐建青,1988)。

理性小农学派的基本观点则认为,小农是在传统农业经营模式下适度运用资源的"理性人";小农在权衡短期和长期利益后,选择合理生产策略以追求最大利益。

中国学者黄宗智则通过对明清以来中国农村社会经济情况的研究,提出了"过密化小农行为"(佘纪国,2008)。其基本包括:在人多地少的背景下,兼具生产和消费,劳动力数量固定的家庭农场迫于生存压力会持续往土地投入劳力,直至边际报酬接近零,而只是生产单位的资本主义企业在边际报酬低于市场工资时,便停止投入劳动力;人口过密化导致中国农村劳动力人均耕地面积小于在理想条件下能耕种的面积;过密的劳动投入会导致边际劳动生产率的递减,而过密的劳动力若释放,不会显著影响亩产量。一般的农户行为理论模型包括如下:

$$\max U = U\left(C_a, C_m, L; \varepsilon\right) \tag{2-2}$$

$$s.t. \begin{cases} Q = Q(T, A; \tau) \\ P_m C_m = P_a\left(Q - C_a\right) - W(T - F) \\ T = L + F \end{cases} \tag{2-3}$$

其中,农户的效用 U 由自消费 C_a、市场消费 C_m 和闲暇 L 共同决定,并受到外生环境因素 ε 的影响。约束条件中,农户作为生产单位,其产品产量 Q 由总可用时间 T 和资本所有量 A 决定,同时受外生条件 τ 的影响,其他为平衡条件。

第四节 规模经济理论

一、传统规模经济理论

图 2-3 呈现了传统规模经济理论指出在企业产出数量与平均成本呈"U"形函数关系,但该理论仅考虑企业的生产规模或产品数量规模等有形规模,未考虑企业信息、知识等无形资产规模(孙卫东,2008)。企业仅靠单一产品低成本大规模生产和低价格销售在如今竞争激烈的市场中缺少优势。而技术密集型企业在传统意义上的规模较小,但技术和知识等无形投入规模大。在这些企业内部无形资产的贡献率大于有形资产。

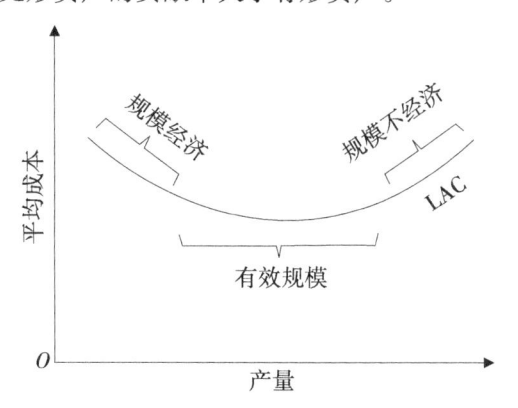

图 2-3 规模经济、有效规模和规模不经济示意图

二、现代规模经济理论

现代规模经济理论在传统规模经济理论的基础上,将内部规模经济进一步分为技术经济和分工专业化经济,不仅指通过单一产品低成本大规模生产带来的数量规模优势,还包括在产业内部专业化分工带来的产品品种数量优势。现代规模经济理论和传统规模经济理论在外部规模经济方面阐述一致,指产业的整体发展通过技术外溢和产业聚集等方式提高单个企业的生产效率,降低企业生产成本。

第五节　相关理论启示

　　明确的土地产权和土地所有权与经营权分离是马克思地租理论的前提。因此,在农村土地流转过程中,应明确产权主体,充分发挥村集体对农村土地的占有、使用、收益和处分四项权力及对土地使用的监管职能;运用马克思级差地租理论,完善村内通信、交通等基础设施,实现适度规模经营,增加单位面积土地生产要素的投入以改善土地质量,提高土地收益,进而提高村民土地流转所获得的收入,改善村民生活水平。依据交易费用理论,促进农村土地流转的措施如下:建立完善的信息交易平台,比如流转信息咨询、发布平台,提供土地流转的手续、土地供需等信息。完善交易平台服务机制,包括土地评估服务、交易谈判服务、协议签订服务、资金保管服务等。强化交易平台监管机制,包括对双方是否自觉遵守规定、履行义务和是否按规定使用土地等方面进行监督,以保证土地流转的顺利进行。

　　依据农户行为理论,促进中国农村土地流转,实现农业适度规模经营的措施如下:结合普法教育,村干部采取多种方式向农民宣传农村土地承包和流转的法律政策;在乡镇、集市等人流密集处组织开展法律政策咨询服务,定期通过广播电台、电视台、报刊等媒体为农民解决关于土地流转政策的疑惑,使农民的思想观念发生转变。同时,充分尊重农民在土地流转中的主体地位,土地流转必须坚持农户自愿、自觉和自主原则。完善相关政策法规,保障农民权益。政府应加强农村土地流转规范管理和服务,进一步完善"三权分置"制度政策体系,完善农村土地承包法配套规章,制定全国土地流转合同示范文本。

　　依据规模经济理论,在实现农业现代化过程中应鼓励农业适度规模经营。首先,应鼓励多种农业经营组织的发展,实现农业生产经营主体由个体转为团体,家庭经营转为大户、企业、合作社经营。其次,推动农业与其他产业融合发展。不仅包括农业与加工制造业、服务业等二、三产业融合发展,还支持农业与信息技术融合,促进农业转型升级。随着现代生产专业分工的深入发展,农业生产社会化是必然趋势。推动农业生产的各环节在不断融合中达到最佳效益耦合,实现现代农业多元溢出价值,保障农民的生计稳定性。

总体而言,本章阐述的地租理论、土地边际化理论、农户行为理论和规模经济理论等均对农村土地流转与适度规模经营起到了指导与启示的作用。

第三章　土地流转与适度规模经营政策演进

第一节　土地流转政策

通过整理近年来农村土地流转相关政策文件，可以把中国土地流转的演变进程划分为六个阶段：第一个阶段，1950—1955年的短暂允许个人流转土地阶段，在这段时期，中国废除封建地主土地私有制，建立农民土地私有制，并允许农民个人流转土地；第二个阶段，1956—1983年的土地流转禁止阶段，该阶段农业社会主义改造基本完成，建立了农业生产合作社，农村土地属于人民公社所有，禁止任何形式的土地流转。但是，1982年农村家庭联产承包责任制的推广使农村土地从集体所有变为集体所有、家庭承包经营的两权分离模式，土地流转出现了松动萌芽的迹象；第三个阶段，1984—1992年的土地流转恢复时期，该时期中央出台的相关政策和法律法规，使土地流转从禁止到允许，从无偿到允许有偿，并从宪法的高度承认了土地流转的合法地位；第四个阶段，1993—2002年的土地流转发展时期，在此期间，中央多次出台政策，强调农村土地使用权在农户自愿的基础上依法有偿转让，发展土地适度规模经营；第五个阶段，2003—2012年的土地流转规范时期，2003年施行的《中华人民共和国农村土地承包法》详细规定了土地的流转原则、方式等事项，标志着我国土地承包经营权流转制度正式确立，并逐渐规范；第六个阶段，2013年至今的土地流转创新发展时期，2013年《中共中央关于全面深化改革若干重大问题的决定》赋予广大农民对承包地的占有、使用、收益、流转及承包经营权抵押和担保权能，标志着中国农地流转政策进入创新时期。

表3-1呈现了自新中国成立以来土地流转各个阶段的主要政策：

表 3-1　土地流转政策的演变

时期	土地流转政策
第一阶段： 1950—1955年	1950年6月，《中华人民共和国土地改革法》颁布，废除封建地主土地私有制，建立农民土地私有制，"承认一切土地所有者自由经营、买卖及出租其土地的权利。"
第二阶段： 1956—1983年	（1）1956年底，农业社会主义改造基本完成，95%以上的农户家庭都加入农业生产合作社，逐步建立了人民公社制度，"农民土地私有制改造为人民公社所有，以生产队为基础的集体所有制，禁止任何形式的土地流转。" （2）1978年，安徽省凤阳县小岗村农民搞起了"大包干"，家庭承包责任制的出现，使中国农村土地制度从单纯集体所有向集体所有、家庭承包经营的两权分离模式转变。 （3）1982年，《全国农村工作会议纪要》规定："社员承包的土地，不准买卖，不准出租，不准转让，不准荒废，否则，集体有权收回。" （4）1982年，《中华人民共和国宪法》规定："任何组织或者个人不得侵占、买卖、出租或以其他形式非法转让土地。" （5）1982年，《全国农村工作会议纪要》指出："全国农村已有百分之九十以上的生产队建立了不同形式的农业生产责任制，包括小段包工定额计酬，专业承包联产计酬，联产到劳，包产到户、到组，包干到户、到组等，都是社会主义集体经济的生产责任制"家庭联产承包责任制的确立和推广，使得农村土地的流转有松动萌芽的迹象。
第三阶段： 1984—1992年	（1）1984年，《一九八四年农村工作的通知》提出："鼓励土地逐步向种田能手集中。社员在承包期内，因无力耕种或转营他业而要求不包或少包土地的，可以将土地交给集体统一安排，也可以经集体同意，由社员自找对象协商转包，但自留地、承包地均不准买卖，不准出租，不准转作宅基地和其他非农业用地。" （2）1986年，《关于一九八六年农村工作的部署》明确提出："鼓励耕地向种田能手集中，发展适度规模的种植专业户。" （3）1987年，《把农村改革引向深入》规定："长期从事别的职业，自己不耕种土地的，除已有规定者外，原则上应把承包地交回集体，或经集体同意后转包他人。" （4）1988年，中国对八二宪法进行首次修订，规定"土地的使用权可以依照法律的规定转让。" （5）1988年，《关于修改〈中华人民共和国土地管理法〉的决定》指出："任何单位和个人不得侵占、买卖或者以其他形式非法转让土地。土地使用权可以依法转让。"

续表

时期	土地流转政策
第四阶段： 1993—2002年	(1)1993年,《关于当前农业和农村经济发展的若干政策措施》规定："在坚持土地集体所有和不改变土地用途的前提下,经发包方同意,允许土地的使用权依法有偿转让。" (2)1993年,《建立社会主义市场经济体制若干问题的决定》规定："在坚持土地集体所有制的前提下,延长耕地承包期,允许继承土地开发性生产项目的承包经营权,允许土地使用权依法有偿转让。" (3)1994年,《一九九四年农业和农村工作的意见》提出："重点抓好延长耕地承包期和土地使用权有偿转让等政策的贯彻落实。" (4)1995年,《做好1995年农业和农村工作的意见》提出："要逐步完善土地使用权的流转制度。" (5)1995年,《稳定和完善土地承包关系意见的通知》指出："在坚持土地集体所有和不改变土地农业用途的前提下,经发包方同意,允许承包方在承包期内,对承包标的,依法转包、转让、互换、入股,其合法权益受法律保护。" (6)1996年,《"九五"时期和今年农村工作的主要任务和政策措施》规定："随着劳动力向非农产业转移,要建立土地使用权流转机制,在具备条件的地方发展多种形式的适度规模经营。" (7)1997年,《进一步稳定和完善农村土地承包关系的通知》规定："少数经济发达地区,农民自愿将部分'责任田'的使用权有偿转让或交给集体实行适度规模经营,这属于土地使用权正常流转的范围,应当允许。" (8)1998年,《关于农业和农村工作若干重大问题的决定》规定："土地使用权的合理流转,要坚持自愿、有偿的原则依法进行,不得以任何理由强制农户转让。少数确实具备条件的地方,可以在提高农业集约化程度和群众自愿的基础上,发展多种形式的土地适度规模经营。" (9)1999年,《做好1999年农业和农村工作的意见》指出："承包合同和土地承包经营权证书全部签发到户。对承包合同、土地承包费的提取和使用、机动地,以及农地流转等,要健全制度,实行规范管理。" (10)2000年,《关于促进小城镇健康发展的若干意见》指出："对进镇落户的农民,可根据本人意愿,保留其承包土地的经营权,也允许依法有偿转让。" (11)2001年,《关于做好农户承包地使用权流转工作的通知》规定："流转期限不得超过农户承包土地的剩余承包期;农地流转的主体是农户,土地使用权流转必须建立在农户自愿的基础上。在承包期内,农户对承包的土地有自主的使用权、收益权和流转权,有权依法自主决定承包地是否流转和流转的形式。" (12)2002年,《关于做好2002年农业和农村工作的意见》指出："加强对农村土地流转的引导和管理,严禁强行收回农户承包地搞土地集中。" 总体而言,1993—2002年是中国农村土地流转发展的时期。

续表

时期	土地流转政策
第五阶段： 2003—2012年	（1）2003年，《中华人民共和国农村土地承包法》指出："国家保护承包方依法、自愿、有偿地进行土地承包经营权流转。" （2）2004年，《关于促进农民增加收入若干政策的意见》指出："健全在依法、自愿、有偿基础上的土地承包经营权流转机制。" （3）2004年，《关于进一步加强农村工作提高农业综合生产能力若干政策的意见》指出："承包经营权流转和发展适度规模经营，必须在农户自愿、有偿的前提下依法进行，防止片面追求土地集中。" （4）2005年，《农村土地承包经营权流转管理办法》对农村土地承包经营权流转给予较全面规范。 （5）2005年，《关于推进社会主义新农村建设的若干意见》指出："保护农民的土地承包经营权；健全在依法、自愿、有偿基础上的土地承包经营权流转机制。" （6）2006年，《关于积极发展现代农业扎实推进社会主义新农村建设的若干意见》指出："坚持农村基本经营制度，稳定土地承包关系，规范土地承包经营权流转。" （7）2007年，《中华人民共和国物权法》将土地承包经营权明确解释为一种用益权，以"保护农民流转土地的权利，提高土地流转的成效。" （8）2007年，《关于切实加强农业基础建设进一步促进农业发展农民增收的若干意见》将按照"依法自愿有偿原则，健全土地承包经营权流转市场。" （9）2008年，《关于推进农村改革发展若干重大问题的决定》指出："加强土地承包经营权流转管理和服务，建立健全土地承包经营权流转市场，按照依法自愿有偿原则，允许农民以多种形式流转土地承包经营权。" （10）2008年，《关于2009年促进农业稳定发展农民持续增收的若干意见》强调："土地承包经营权流转，土地承包经营权流转不得改变土地集体所有性质，不得改变土地用途，不得损害农民土地承包权益。" （11）2010年中央一号文件，《关于加大统筹城乡发展力度 进一步夯实农业农村发展基础的若干意见》指出："加强土地承包经营权流转管理和服务，健全流转市场，在依法自愿有偿流转的基础上发展多种形式的适度规模经营。" （12）2012年中央一号文件，《关于加快推进农业科技创新持续增强农产品供给保障能力的若干意见》指出："按照依法自愿有偿原则，引导土地承包经营权流转，发展多种形式的适度规模经营，促进农业生产经营模式创新，加强土地承包经营权流转管理和服务。" 总体而言，2003—2012年是中国农村土地流转逐渐走向规范化的阶段。

续表

时期	土地流转政策
第六阶段：2013年至今	（1）2013年，《关于全面深化改革若干重大问题的决定》规定："土地承包经营权抵押、担保权能，允许农民以承包经营权入股发展农业产业化经营，鼓励承包经营权向农业企业流转，允许财政补助形成的资产转交合作社持有和管护。" （2）2013年，《关于加快发展现代农业进一步增强农村发展活力的若干意见》指出："引导农村土地承包经营权有序流转，鼓励和支持承包土地向专业大户、家庭农场、农民合作社流转，发展多种形式的适度规模经营。" （3）2014年，《关于全面深化农村改革加快推进农业现代化的若干意见》指出："在落实农村土地集体所有权的基础上，稳定农户承包权、放活土地经营权，允许承包土地的经营权向金融机构抵押融资。鼓励有条件的农户流转承包土地的经营权。" （4）2014年，《关于引导农村土地承包经营权有序流转发展农业适度规模经营的意见》规定："鼓励创新土地流转形式。鼓励承包农户依法采取转包、出租、互换、转让及入股等方式流转承包地。鼓励有条件的地方制定扶持政策，引导农户长期流转承包地并促进其转移就业。鼓励农民在自愿前提下采取互换并地方式解决承包地细碎化问题；严格规范土地流转行为。" （5）2015年，《关于加大改革创新力度加快农业现代化建设的若干意见》指出："引导土地经营权规范有序流转，创新土地流转和规模经营方式，积极发展多种形式适度规模经营。鼓励发展规模适度的农户家庭农场。" （6）2016年，《关于落实发展新理念加快农业现代化实现全面小康目标的若干意见》指出："加强对土地流转和规模经营的管理服务，完善'三权分置'办法；稳妥有序推进农村承包土地的经营权抵押贷款试点。" （7）2016年，《关于完善农村土地所有权承包权经营权分置办法的意见》指出："明晰土地产权关系，完善农村土地所有权、承包权、经营权分置；促进土地资合理利用，构建新型农业经营体系，发展多种形式适度规模经营。" （8）2017年，《关于深入推进农业供给侧结构性改革加快培育农业农村发展新动能的若干意见》指出："通过经营权流转、股份合作、代耕代种、土地托管等多种方式，加快发展土地流转型、服务带动型等多种形式规模经营；积极引导农民在自愿基础上，通过村组内互换并地等方式，实现按户连片耕种。"

续表

时期	土地流转政策
第六阶段：2013年至今	（9）2018年，《乡村振兴战略规划（2018—2022年）》指出："落实农村土地承包关系稳定并长久不变政策，衔接落实好第二轮土地承包到期后再延长30年的政策；全面完成土地承包经营权确权登记颁证工作，完善农村承包地'三权分置'制度，在依法保护集体所有权和农户承包权前提下，平等保护土地经营权；建立农村产权交易平台，加强土地经营权流转和规模经营的管理服务。" （10）2019年，《关于坚持农业农村优先发展，做好"三农"工作的若干意见》指出："坚持家庭经营基础性地位，赋予双层经营体制新的内涵；完善落实集体所有权、稳定农户承包权、放活土地经营权的法律法规和政策体系；健全土地流转规范管理制度，发展多种形式农业适度规模经营，允许承包土地的经营权担保。" （11）2020年，《中华人民共和国民法典》规定："流转期限为五年以上的土地经营权，当事人可以向登记机构申请土地经营权登记。" （12）2020年，《关于防止耕地"非粮化"稳定粮食生产的意见》指出："严格控制流转耕地转为林地、园地等其他类型农用地和非农用地，保障粮食安全。" （13）2022年，《农村土地经营权流转管理办法》规定："土地经营权流转应因地制宜、循序渐进，把握好流转、集中、规模经营的度，流转规模应当与城镇化进程和农村劳动力转移规模相适应，与农业科技进步和生产手段改进程度相适应，与农业社会化服务水平提高相适应，鼓励建立多种形式的土地经营权流转风险防范和保障机制。" （14）2022年，中央一号文件《关于做好2022年全面推进乡村振兴重点工作的意见》指出："稳步提高土地出让收入用于农业农村的比例。" （15）2022年，中央农村工作会议《锚定建设农业强国目标 切实抓好农业农村工作》中指出："要发展适度规模经营，支持发展家庭农场、农民合作社等新型经营主体，加快健全农业社会化服务体系，把小农户服务好、带动好。" 总体而言，2013年至今是中国土地流转的创新发展时期。

第二节　农业适度规模经营政策

农业适度规模经营政策演变可以大致划分为五个阶段：第一个阶段，1979—1989年的探索试点时期，该阶段主要是基于巩固完善家庭联产承包制和提升农业经营效益，自1984年开始，中央一号文件多年连续提出"鼓励土地逐步向种田能手集中"的要求，形成了事实上的土地规模经营。1987年，东部沿海等地建立改革试验区,试点探索适度规模经营。第二个阶段,1990—2002年的审慎发展时期,随着社会主义市场经济体制深化改革,国家持续围绕农村土地改革和规模经营的政策展开探索,在这一阶段,国家政策层面开始支持农业适度规模经营,但政策制定十分审慎,未大规模放开土地流转政策,农业适度规模经营的定位和地位仍不明确。第三个阶段,2003—2007年的地位确立时期,随着城镇化和工业化的不断推进,土地适度规模经营是必然趋势,2003年,《中华人民共和国农村土地承包法》以法律的形式明确了土地流转的地位。随着法律法规和政策的支持不断增强,土地流转更为规范,新型农业经营主体不断涌现,农业适度规模经营的形式更加多样。第四个阶段,2008—2012年的巩固提升时期,在这一时期,随着农业适度规模经营形式的多样化,中央一号文件持续推出一系列惠农政策,以支持农业适度规模经营的巩固发展。第五个阶段,2013年至今的深化改革时期,2013年新一轮农村土地制度改革开始,党的十八届三中全会提出了多形式适度规模经营的实现途径,即"以建设高标准农田为载体,以农业产业化经营为抓手,以完善农业社会化服务为支撑"。之后的中央一号文件均强调"发展多种形式的农业适度规模经营",农业适度规模经营形式不断创新,更具规范化和合理性。2022年12月的中央农村工作会议(二十大后首个中央农村工作会议)更是强调"要扎实做好承包期再延长30年的各项工作,确保大多数农户原有承包权保持稳定、顺利延包。要发展适度规模经营,支持发展家庭农场、农民合作社等新型经营主体,加快健全农业社会化服务体系,把小农户服务好、带动好"。

表3-2呈现了农业适度规模经营政策的演进特征:

表3-2 农业适度规模经营政策的演进

时期	农业适度规模经营政策
第一阶段:1978—1989年,探索试点时期	(1)1984年,中央一号文件《关于一九八四年农村工作的通知》提出了"鼓励土地逐步向种田能手集中",形成了事实上的土地规模经营。 (2)1986年,中央一号文件《关于一九八六年农村工作的部署》指出:"随着农民向非农产业的转移,鼓励耕地向种田能手集中,发展适度规模的种植专业户",这是中央文件中首次提出适度规模的概念。 (3)1987年,《把农村改革引向深入》首次提出:"要采取不同形式实行适度规模经营",并在江苏南部、浙江温州等地试点探索适度规模经营,建立改革试验区,开启了中国农业适度规模经营的大幕。

续表

时期	农业适度规模经营政策
第二阶段:1990—2002年,审慎发展时期	随着改革开放的深入推进和社会主义市场经济体制改革方向的明确,国家围绕农村土地改革和规模经营展开探索。在这一阶段,国家政策层面对农业适度规模经营的支持态度趋于明朗,但基于审慎考虑的原则,仍未大规模放开土地流转政策,也未明确农业适度规模经营的定位和地位。 (1)1990年,《关于一九九一年农业和农村工作的通知》提出:"在少数确有条件发展农业适度规模经营的地方,根据群众的意愿,可以因地制宜地作适当调整,但决不可不顾条件强行推行。" (2)2001年,《关于做好农户承包地使用权流转工作的通知》提出:"逐步将土地适度规模经营予以确认和定位。" (3)2002年,党的十六大报告《全面建设小康社会,开创中国特色社会主义事业新局面》提出:"有条件的地方可按照依法、自愿、有偿的原则进行土地承包经营权流转,逐步发展规模经营。"
第三阶段:2003—2007年,地位确立时期	(1)2003年,《关于完善社会主义市场经济体制若干问题的决定》提出:"完善土地流转办法,逐步发展适度规模经营。" (2)2003年,《中华人民共和国农村土地承包法》以法律条文形式为农地流转提供法律依据,明确其地位。 (3)2005年,《农村土地承包经营权流转管理办法》对土地流转的形式、合同签订等做了较为详细的指导说明。 (4)2007年,《中华人民共和国物权法》进一步强化了土地承包经营权流转的法律地位,农户规模经营意识不断增强,土地流转行为增多,专业户、家庭农场等新型农业经营主体逐渐涌现,农业适度规模经营的形式更加多样,领域更加宽泛。
第四阶段:2008—2012年,巩固提升时期	(1)2008年,中央一号文件《关于切实加强农业基础建设进一步促进农业发展农民增收的若干意见》提出:"在有条件的地方培育发展多种形式适度规模经营的市场环境。" (2)2008年,《关于推进农村改革发展若干重大问题的决定》提出:"允许农民以转包、出租、互换、转让、股份合作等形式流转土地承包经营权,发展多种形式的适度规模经营。" 此后,中央一号文件持续推出一系列鼓励多种形式适度规模经营的政策,多种形式的农业适度规模经营模式在全国展开。

续表

时期	农业适度规模经营政策
第五阶段：2013年至今，深化改革时期	（1）2013年，《中共中央关于全面深化改革若干重大问题的决定》提出："坚持家庭经营在农业中的基础性地位，推进家庭经营、集体经营、合作经营、企业经营等共同发展的农业经营方式创新。鼓励承包经营权在公开市场上向农业大户、家庭农场、农民合作社、农业企业流转，发展多种形式规模经营。" （2）2014年，中央一号文件《关于全面深化农村改革加快推进农业现代化的若干意见》提出："发展多种形式规模经营。土地流转和适度规模经营要尊重农民意愿，不能强制推动。" （3）2014年，中央农村工作会议《关于全面深化农村改革加快推进农业现代化的若干意见》强调："引导和规范土地经营权有序流转，坚持农村土地集体所有权，稳定农户承包权，放活土地经营权，以家庭承包经营为基础，推进家庭经营、集体经营、合作经营、企业经营等多种经营方式共同发展。" （4）2014年，《关于引导农村土地经营权有序流转发展农业适度规模经营的意见》提出"以建设高标准农田为平台、以推进农业产业化为抓手、以发展农业社会化服务为支撑、以简政放权和正向激励为动力"的"四轮驱动"的多形式农业适度规模经营新思路。 （5）2022年12月，中央农村工作会议《锚定建设农业强国目标 切实抓好农业农村工作》中强调："要发展适度规模经营，支持发展家庭农场、农民合作社等新型经营主体，加快健全农业社会化服务体系，把小农户服务好、带动好。" 2013—2022年的中央一号文件均提出要"积极发展多种形式的适度规模经营"，多部门陆续下发扶持农业适度规模经营的金融、财政等政策，多形式的农业适度规模经营更具规范性和合理性。

第三节 土地流转与适度规模经营的关系

一、土地流转是农业适度规模经营的前提

农村土地流转是农业适度规模经营和集约发展的保证。第二、三产业不断升级发展使传统的小农分散经营模式劳动力成本上升，传统的农业经营模式缺少优势。而提高农业经营的竞争力，耕地连片、提高生产资料的投入和

增加农业省工性工具的使用是必然趋势。因此,农村土地有序规范流转促进土地资源优化配置,进而有利于实现农业土地适度规模经营。尤其是在耕地破碎的区域,如山区,土地适度规模经营需积极引导农民在自愿的基础上,通过村组内互换并地等方式,实现耕地连片耕种。然而,农村土地适度规模经营不等于土地规模的无限扩大,而是在多因素共同作用下发展多种形式。在发展土地适度规模经营过程中应转变"只要扩大规模就是适度规模经营"的思路,结合当地生产力水平和资源禀赋等特点,因地制宜适度规模经营。

二、农业适度规模经营活化土地流转市场

土地适度规模经营增加了农民的收入,使农民流转土地的意愿提高。以河南省安阳市滑县为例,2013年农业适度规模经营前农村居民人均年收入为6937元,每亩田年均纯收入约为623元;18个行政村进行土地整合,实现农业适度规模经营后农村居民人均年收入增至10478元,其中包括每年每亩以当年小麦市场价补贴农户的土地流转补偿费,每亩地年均纯收入也增至1429元,而农机具等农业机械投入减少3700万元。可以说,农业适度规模经营提高单位土地的耕种效率和产出效益,农户收益也显著增加,进而提高农户流转土地的意愿,并积极拓展收入来源种类,提高农户生计的可持续性。同时,农村土地不断集中于种粮大户、农业企业和合作社,实施适度规模经营,可促进农业产业化和科学化。

第四章 土地流转时空特征与驱动因素

第一节 问题提出

2017年1月,农业部印发《关于推进农业供给侧结构性改革的实施意见》,其核心目标是实现农民增收。然而,土地细碎且小规模经营等诸多缺陷制约了中国农民增收、农业劳动生产率提升,以及农业转型(Deininger et al.,2012;卢华和胡浩,2015)。毋庸置疑,土地流转是实现农业适度规模经营的重要途径。近年中央出台了一系列的政策旨在鼓励土地流转和发展农业适度规模化经营。比如,2014年出台的《关于引导农村土地经营权有序流转发展农业适度规模经营的实施意见》明确提出:"坚持农村土地集体所有的基础上,实现土地所有权、承包权和经营权三权分置,引导土地经营权有序流转";2016年,中央"一号文件"强调:"积极培育家庭农场、专业大户、农民合作社等新型经营主体,加强对土地流转和规模经营的管理服务";2022年12月,中央农村工作会议对农业适度规模经营提出更高的要求:"要发展适度规模经营,支持发展家庭农场、农民合作社等新型经营主体,加快健全农业社会化服务体系,把小农户服务好、带动好"。总的来说,中央已从顶层设计的视角给予土地流转充分的政策支持(王亚辉等,2017)。

事实上,随着务农机会成本和农业生产要素价格的上涨,农业收益逐年下降,农地粗放化经营甚至撂荒等现象开始显现(Wang et al.,2009;辛良杰和李秀彬,2009;赵宇鸾等,2012;Zhang et al.,2014;邵景安等,2015)。城市化的推进和非农工资的上涨吸引了大量的农村劳动力转移到城市,地区间"自发性"的土地流转市场已逐渐形成,可以说土地流转已成为农业和农村发展的必然趋势。与此同时,土地流转问题也得到了国内外学者的普遍关注。国际上土地流转研究始于20世纪末期,聚焦在土地流转的效率、公平,以及土地交易市场的发展等方面的研究(Teklu and Lemi,2004;Deininger et al.,2008;Jin and Jayne,2013)。在亚洲、非洲及拉丁美洲等欠发达地区多关注土地流转现状、流转效率、土地流转的增收效应和减贫效应等评估(Benjamin and Brandt, 2002;Otsuka,2007;Deininger and Jin,2008;Jin and Jayne,2013;Huy et al., 2016),比如,Huy et al.(2016)指出土地流转提高了土地利用效率和促进了农户间的公平;Deininger et al.(2008)和Jin et al.(2013)均发现土地流转提高了农民收入,同时还具有减贫效应;而欧洲东部的研究多关注土地私有化和市场交易等问题(Vranken and Swinnen,2006;Swinnen et al.,2008)。针对中国的土地流转,初期部分学者着重探讨土地流转驱动因素及存在问题,土地制度缺陷、城市化及种植业成本较高等为土地流转的主要驱动因素(Kai,2008;黄祖辉等,2014;Sun and Yang,2017);同时,劳动力老龄化、流转市场不健全及交易费用较高等是土地流转不畅的重要原因(冀县卿等,2015;Huy et al., 2016;王亚辉等,2017)。此外,部分学者通过调研还发现,土地流转中存在大量的"零租金"流转(王亚运等,2015;郑凯丽和周洪,2016)。

随着土地流转规模的不断扩大,土地流转的空间差异逐渐得到重视。然而,受限于时间跨度和样本数量等,多数研究仅选取个别区域,比如重庆市(姜松和王钊,2012;郑凯丽和周洪,2016)、三峡库区(王亚运等,2015),以及江苏省等(杜培华和欧名豪,2008),并且这些研究多以单一年份的截面数据为主,无法揭示较大区域甚至全国尺度的土地流转时空变化,这无疑对土地流转政策的指导作用大打折扣。因此,要想准确把握中国土地流转的时空差异,需要时间跨度长和区域异质性明显的大规模的农户追踪调研数据。

有鉴于此,基于土流网(2005—2020年)、浙江大学中国农村家庭追踪调查(2011—2017年)、中国农村经营管理统计年报(2006—2021年)、中国农村政策与改革统计年报(2006—2021年),以及全国农村经济情况统计资料(2006—2021年)等资料,本章系统揭示近年中国农村土地流转的规模、期限、途径、用途和租金等特征;在此基础上,构建Heckman两阶段模型识别土地流转区域差异的驱动因素,并提出活化农村土地流转市场的政策建议,以期提升农村土地资源的配置效率。

第二节　数据与方法

一、数据来源

（一）土流网

土流网（又称为土地集团有限公司）是发布土地流转信息、24小时在线的土地中介服务机构的行业门户网站（https://www.tuliu.com/），创立于2009年，是一家大型的土地流转综合服务机构，拥有集土流网、土流通双平台，土流金和土流学院线上线下相结合的实体机构，是中国首创的互联网土地流转新业态。目前，土流网已发展成为集土地交易、产权交易、农村住宅、乡村服务、大数据AI、涉农金融服务，以及数字乡村建设等板块为一体的集团化服务企业。其中土地交易模块可以提供全国范围内的土地需求登记、土地流转信息发布、土地数据中心、土地评估系统、土地信息展示系统等功能。本章所用数据来自土流网土地数据服务中心（https://www.tuliu.com/data/dataTrade.html）年度发布的土地大数据（包括土地交易量、土地发布量和土流指数）和全国土地行情（包括土地面积统计、耕地承包经营、耕地流转进度、耕地流转去向和耕地流转用途等）。

（二）中国农村家庭追踪调查

中国农村家庭追踪调查数据库是由浙江大学中国家庭调查项目完成了中国农村家庭的追踪调查，包含了2011年、2013年、2015年和2017年四轮中国农村家庭的追踪调查数据，涉及中国农村家庭比较完整的信息，详细包括家庭的基本结构、就业、收支、财富、农业生产经营、土地利用与流转、人口迁移与市民化、金融行为、社会保障，以及教育等各个方面资料。此外，数据还涉及中国基层单位（村委会）的基本情况，以及可供对比研究的城镇家庭数据。其中，数据库涉及全国29个省（区、市）的农村样本共16511个农户家庭49060人（其中实际居住在农村的农村家庭样本共8932个农户家庭35921人）、11630个城镇家庭48856人，样本具有全国层面的代表性，并且在农村层面和城镇层面均具有较强的代表性。

本章采用中国农村家庭追踪调查数据库2011年、2013年、2015年和2017年四轮调查中的农村样本进行实证分析。其中农户问卷中涉及农村土地流转的信息包括土地转出信息和土地转入信息,土地转出信息主要包括是否转出耕地、哪一年转出的耕地、转出耕地的面积、是否签订了土地流转合同、转出耕地是否约定转出年限、耕地转出的对象、转出土地的途径、转出土地的用途、转出土地的租金如何收入、是否发生"零租金"流转、转出耕地租金多长时间结算一次、租金是否变化、亩均租金规模等；同样,土地转入信息也主要包括是否转入耕地、哪一年转入的耕地、转入耕地的面积、是否签订流转合同、转入的年限是多少、耕地转入来源、转入耕地的主要用途、转入耕地如何支付租金、是否发生"零租金"转入、租金是否变化、亩均租金规模,以及转入土地后是否进行土地平整等操作。此外,农户问卷中还包含了土地流转纠纷的信息、土地流转发生的交易费用信息等指标。这些指标为本研究厘清农村土地流转的时空格局特征提供了重要依据。

二、研究方法

(一)土地流转率测度

土地流转包括转入土地、转出土地两种情况,本研究同时采用土地转入率和土地转出率来测算土地流转水平。为了全面反映土地流转的规模,本章还采用家庭土地承包经营权流转面积与家庭承包经营耕地总面积来测算农户家庭总土地流转率。其中土地转入率计算如下：

$$R_{it}^{in} = N_{it}^{in}/N_{it}^{T} \times 100\% \qquad (4-1)$$

式(4-1)中,R_{it}^{in}表示i家庭t年的土地转入率；N_{it}^{in}、N_{it}^{T}分别表示i家庭t年转入土地规模和总体规模(剔除同时转入和转出的规模)。土地转出率计算如下：

$$R_{it}^{out} = N_{it}^{out}/N_{it}^{T} \times 100\% \qquad (4-2)$$

式(4-2)中,R_{it}^{out}表示i家庭t年的土地转出率；N_{it}^{out}表示i家庭t年的转出土地规模；N_{it}^{T}与式(4-1)相同。土地总体流转率计算如下：

$$R_{it}^{T} = NT_{it}/NF_{it} \qquad (4-3)$$

式(4-3)中，R_{it}^T为i地区t年的土地总流转比率；NT_{it}和NF_{it}分别表示i地区t年家庭土地承包经营权发生流转的面积和家庭承包经营耕地总面积。土地总流转率即家庭土地承包经营权发生流转总面积与家庭承包经营耕地总面积之比，其中家庭土地承包经营权流转总面积指农户家庭将承包期内的部分或全部土地的承包经营权以转让、互换、出租、入股等方式流转给他人经营的面积；家庭承包经营耕地面积指农村集体经济组织以家庭承包方式承包农村集体所有的耕地面积。

(二)土地流转租金测度

土地流转租金来自中国农村家庭追踪调查中的农户调研资料，涉及土地流转租金的问题包括"您家转出耕地的租金如何收取？""您家转出耕地租金多长时间结算一次？""转出期间，每年的租金是否有变化？""去年，您家转出耕地获得的租金收入是多少元？包括土地分红。""您家转入耕地如何支付租金？""您家转入耕地的租金多长时间结算一次？""固定期限是指多长时间结清一次呢？""去年，您家耕地支付租金总额是多少？"通过对以上问题进行整理，便可计算出各地区农户家庭的土地流转租金。

(三)土地流转区域差异的影响因素识别

根据农户行为理论，农户是否转出(转入)土地，以及转出(转入)土地获得(支付)租金的高低不是随机的，而是农户"自选择"的结果，即受到一系列个人特征、家庭特征，以及地理区位等多种因素的综合作用。正如调研数据统计显示，农户之间存在大量以"零租金"流转的土地。如果把转出土地获得租金看作一个过程，可以分为两个阶段：第一阶段为农户是否转出土地，即转出土地的概率；第二阶段为农户转出土地获得租金，即租金的数额。目前，可以采用Heckman两阶段模型进行处理该问题(Heckman, 1979; Certo et al., 2016)。由于本研究样本量较大，是否转出土地的Probit模型的残差项符合正态分布，满足Heckman两阶段模型误差项为正态分布的假设。下面仅以农户转出土地为例阐述模型的设置：

第一阶段：该阶段是以"是否转出土地"为被解释变量，采用Probit模型进行估计农户转出土地的概率，概率方程如下：

$$P_{it} = \alpha X1_{it} + \mu_i \tag{4-4}$$

第二阶段:利用选择后的样本估计转出土地获得租金的决定模型,回归方程如下:

$$R_{it} = \beta X2_{it} + \tau \lambda_i + \varepsilon_i \quad (4-5)$$

式(4-4)和(4-5)中,P_{it}代表t年i农户转出土地的概率;$X1_{it}$代表影响农户是否转出土地的一系列可观测因素;μ_i代表概率方程的误差项,服从均值为零的正态分布;R_{it}代表t年i农户转出土地获得的亩均租金;$X2_{it}$代表影响转出土地获得租金大小的一系列可观察因素;λ_i代表逆米尔斯比率(Mills);ε_i代表回归方程的误差项,服从均值为零的正态分布;i代表农户,t代表年份;α,β代表影响土地流转和租金水平因素的待估系数;τ代表逆米尔斯的待估系数。

想得到回归方程中的λ_i,首先要估计概率方程(4-6),对所有样本进行Probit回归,得到未知参数向量的α和σ的估计值;之后通过Mills估算公式,计算出各农户的λ,进而将其作为新变量纳入回归方程(4-5)中。其中Mills的计算公式如下:

$$\lambda_i = \varphi(-X1_{it}\alpha/\sigma)/\phi(-X1_{it}\alpha/\sigma) \quad (4-6)$$

式(4-6)中,$\varphi(\ )$表示标准正态分布的密度函数;$\phi(\ )$表示标准正态分布的概率分布函数;α代表概率方程解释变量的回归系数集;σ代表概率方程误差项μ_i的标准差。

Heckman两阶段模型可通过在回归中加入λ来解决样本"自选择"问题,若λ显著不等于零,说明存在"自选择"问题。此时,概率方程和回归方程干扰项的相关系数显著不为零,表明两方程相关联,一般的OLS估计会导致偏误,而采用Heckman两阶段模型才能克服上述问题。故本研究选择该模型提高估计精度以准确揭示土地流转区域差异的影响因素。

(四)变量说明

Heckman两阶段模型分别估计两个方程,第一阶段的被解释变量为"是否转出土地";第二阶段的被解释变量为"转出土地获得的租金"。理论上,决定农户是否转出土地和获得租金规模的因素较多,结合研究目的和已有文献,本章拟选取农户家庭土地流转特征地块特征、家庭特征,以及村庄特征等因素作为解释变量。

表4-1 变量定义及统计性描述

变量		定义	平均值	标准差	最小值	最大值	样本量
被解释变量	是否转出耕地	家庭转出耕地=1,否=0	0.18	0.39	0	1	28836
	转出的耕地面积	家庭转出耕地面积,亩	0.87	3.90	0	230	28836
	转出耕地租金	转出耕地获得租金,元/亩	104.27	1581.23	0	140000	28836
	是否转入耕地	家庭转入耕地=1,否=0	0.11	0.32	0	1	28836
	转入的耕地面积	家庭转入耕地面积,亩	1.69	13.72	0	650	28836
	转入耕地租金	转入耕地支付租金,元/亩	105.70	345.91	0	25000	28836
地块特征	地块数量	家庭地块数量,块	4.81	5.20	1	80	8325
	地块规模	地块平均面积,亩	2.30	8.83	0.007	300	8325
	家庭耕地面积	家庭总耕地面积,亩	7.26	18.09	0.10	1000	28836
	是否完成土地确权	完成土地确权=1,否=0	0.43	0.50	0	1	374
家庭特征	家庭总收入	家庭总收入,元	37000	113000	0	7500000	28836
	家庭非农收入	家庭非农收入,元	31000	100000	0	5500000	28836
	家庭生产性牲畜价值	家庭生产性牲畜价值总和,元	1274.53	14000	0	1000000	28836
	家庭农业机械价值	家庭农业机械价值总和,元	2421.20	21000	0	2000000	28836
	户主年龄	户主年龄,岁	56.10	12.83	14	93	28836
	户主受教育水平	没上过学=1,小学=2,初中=3,高中=4,中专/高职=5,大专=6,大学本科=7,硕士研究生=8,博士研究生=9	2.62	1.11	1	8	28836
	户主婚姻状况	未婚=1,已婚=2,同居=3,分居=4,离婚=5,丧偶=6	2.27	1.05	1	7	28836
村庄特征	村内是否普及网络	普及网络=1,否=0	0.05	0.22	0	1	374
	村内互联网普及率	使用互联网与总农户数之比	0.02	0.10	0	1	374
	劳动力外迁比例	外迁劳动力与总劳动力之比	0.20	0.04	0	1.13	374
	外来流动人员比例	外来人员与当地人员之比	0.07	0.37	0	5.78	374

续表

	变量	定义	平均值	标准差	最小值	最大值	样本量
村庄特征	通往县城道路数量	通往县城的道路数,条	2.04	0.27	1	5	374
	村内人均可支配收入	村内人均可支配收入,元	7065.07	1323.15	0	35000	374
	村内耕地流转租金	村内耕地流转租金,元/亩	503.79	173.35	0	10000	374
	是否为贫困县	贫困县=1,否=0	0.17	0.11	0	1	374
	村内是否有特色产业	有特色产业=1,否=0	0.77	0.45	0	1	374
	城乡养老保障制度	建立城乡养老保障制度=1,否=0	0.65	0.43	0	1	374

表4-1呈现了研究所需的变量及其统计性描述。从农户家庭土地流转特征来看,农户转出和转入耕地的比例分别为18%和11%,转出耕地获得的亩均租金为104.27元,转入耕地支付的亩均租金为105.70元;从地块特征来看,全国户均耕地面积为7.26亩,户均地块数量为4.81块,块均耕地面积约为2.30亩;从家庭特征来看,户均年收入为37000元,其中非农收入占比达到83.78%,户主年龄一般较大(平均56.10岁)且受教育程度较低(平均介于小学与初中之间);从村庄特征来看,农村网络普及率较低(5%),劳动力外迁比例较高(20%),村内人均可支配收入为7065.07元,多数村庄拥有自己的特色产业且已建立较完善的城乡养老保障制度。

第三节 土地流转的特征

一、土地流转规模

(一)土地流转年际变化

图4-1呈现了2005—2020年全国耕地流转规模。结果显示,2005—2020年全国农村耕地流转规模整体上呈现上升趋势,拟合曲线为 $y = -0.0037x^3 + 0.0893x^2 - 0.1982x + 0.6303$, $R^2 = 0.9983$。2005年,全国耕地流转规模为0.55亿亩,2007年以后呈现快速上升趋势;2017—2019年耕地流转规模处于平稳阶

段,2020年耕地流转面积达到5.43亿亩。若按照2020年全国耕地数量(第三次全国土地调查)19.1792亿亩估算,现有28.31%的耕地处于流转状态;若按照全国家庭承包耕地面积估算,2005—2020年耕地流转面积占家庭总承包耕地面积的比例持续上升,从2015年的4.57%升至2020年的38.50%,并且上升的拟合曲线为$y = -0.0256x^3 + 0.5943x^2 - 0.9107x + 4.352$,$R^2 = 0.9956$(图4-2)。

$y = -0.0037x^3 + 0.0893x^2 - 0.1982x + 0.6303$
$R^2 = 0.9983$

图4-1 2005—2020年全国耕地流转规模

$y = -0.0256x^3 + 0.5943x^2 - 0.9107x + 4.352$
$R^2 = 0.9956$

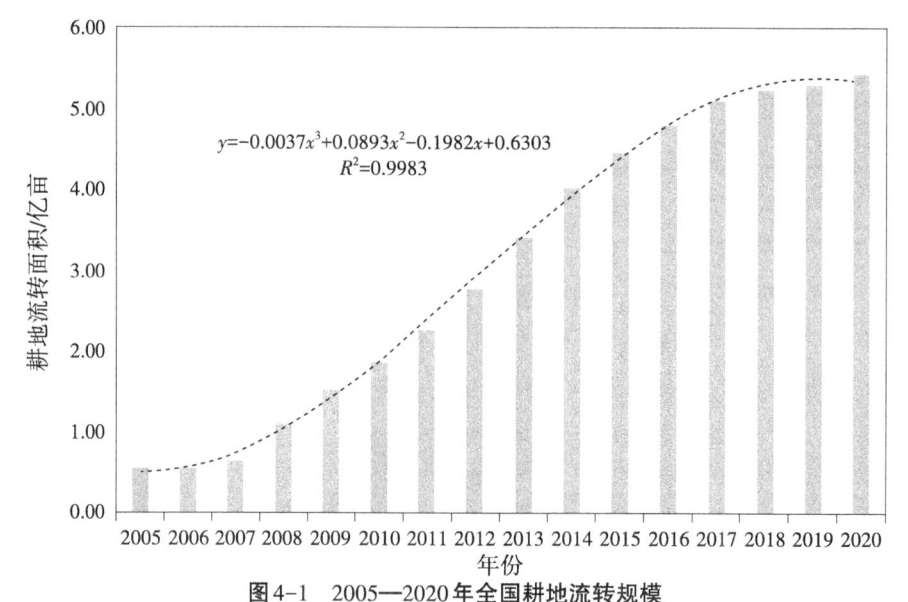

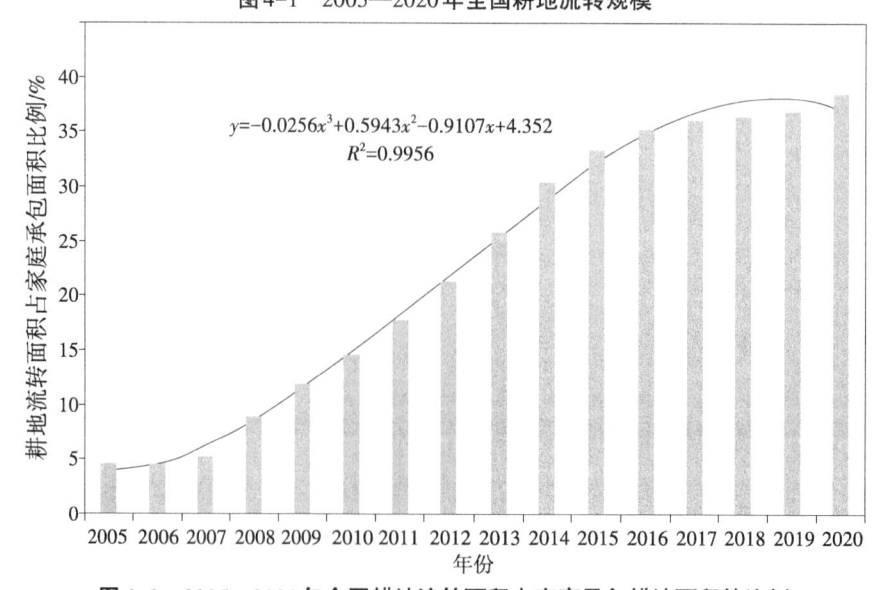

图4-2 2005—2020年全国耕地流转面积占家庭承包耕地面积的比例

注:数据不包含西藏和港澳台,由于2018年家庭承包经营耕地面积数据缺失,故采用前后两年平均值的方式进行补充完善。

(二)土地流转规模时空变化

表4-2呈现了2005—2020年全国各省(区、市)主要年份土地流转情况。总体上看,各省(区、市)的耕地流转面积和流转率均呈现上升趋势,2005年、2010年、2015年和2020年各省(区、市)的平均流转面积分别为1822458亩、6222771亩、14894455亩和17739639亩,相应的土地流转率分别为6.11%、17.15%、32.73%和36.62%。分地区来看,上海市、浙江省和广东省的土地流转率在各个年度均处于前三高的水平,其中上海市的土地流转率在各年度均为最高,由2005年的30.22%上升至2020年的91.11%;与之相反,山西省、内蒙古自治区、辽宁省、山东省、海南省、云南省、甘肃省和青海省的土地流转率处于较低的水平,其中山西省、海南省和云南省的土地流转率均在2015和2020年处于全国前三低的水平,2020年海南省的土地流转率仍然不超过10%(8.89%)。整体而言,东部经济发达地区的土地流转率较高,而华中、西南和西北等地区的土地流转率相对较低,2020年全国超过1/3(36.62%)的土地处于流转状态(土地承包权和经营权发生分离)。

表4-2 全国各省(区、市)主要年份土地流转情况

地区	2005年 流转面积/亩	2005年 流转率/%	2010年 流转面积/亩	2010年 流转率/%	2015年 流转面积/亩	2015年 流转率/%	2020年 流转面积/亩	2020年 流转率/%
北京	356231	11.94	2149346	46.30	2449714	56.85	2676047	63.76
天津	411666	8.70	694459	14.53	1594174	32.78	2070014	49.59
河北	2295320	2.76	6635550	8.00	23242064	27.57	24889848	30.75
山西	768697	1.72	3850595	8.33	7899696	16.21[+++]	7901022	15.28[+++]
内蒙古	1042828	1.51[+++]	11811831	13.65	31871200	32.50	38041581	37.82
辽宁	999186	2.10	3002822	6.00[+++]	16105959	31.69	17029536	31.70
吉林	2381496	4.17	5923169	9.93	16468956	25.84	27200918	40.23
黑龙江	7251993	6.59	31947092	25.80	68973082	53.34	64390818	56.65
上海	752890	30.22[***]	1382820	59.26[***]	1296818	73.70[***]	1529249	91.11[***]
江苏	4853576	9.75	17263129	34.21	30948162	60.38	32298778	61.30
浙江	3569646	17.47[***]	7564624	38.88[***]	9549996	50.46[***]	11025175	60.17[***]
安徽	2425751	4.04	9129009	14.62	29941101	47.16	37340642	46.87
福建	1004891	6.55	2637093	17.15	4494382	29.93	4692760	29.33
江西	1664837	5.89	3946330	12.51	10710566	29.54	17086875	46.58
山东	1224986	1.38[+++]	7081411	7.74	24717719	26.35	39048207	42.23

续表

地区	2005年 流转面积/亩	2005年 流转率/%	2010年 流转面积/亩	2010年 流转率/%	2015年 流转面积/亩	2015年 流转率/%	2020年 流转面积/亩	2020年 流转率/%
河南	2107776	2.33	13137059	13.68	38870571	39.80	34223492	30.97
湖北	1068940	2.46	4925599	10.89	16634549	36.95	21145305	34.26
湖南	3283949	7.53	9884411	21.37	18614699	37.13	21614139	41.10
广东	5423339	19.39***	6601361	23.52***	8341573	28.88***	15511896	43.99***
广西	1333169	4.21	3118269	9.25	6687511	18.57	9059899	19.09
海南	121232	2.42	142169	2.59+++	273795	4.69+++	574334	8.89+++
重庆	1075270	5.49	7169804	36.23	14535334	41.46	14037865	39.99
四川	4568623	8.14	9758323	16.82	16198882	27.76	26277924	28.85
贵州	795786	3.42	2777335	11.09	8770080	28.10	11879036	18.64
云南	816537	2.19	3838291	9.22	7495034	17.87+++	11255518	10.09+++
陕西	1173586	2.62	3213755	6.89	8880306	17.90	12658596	23.69
甘肃	794464	1.69	1986820	4.15+++	11231168	23.34	11301928	17.49
青海	90196	1.54+++	824416	11.73	1537806	21.57	1949159	24.20
宁夏	238974	2.20	1095506	9.69	2827676	25.52	3078514	18.77
新疆	777928	2.95	3190761	10.49	5671079	17.94	10400108	35.10
全国平均	1822458	6.11	6222771	17.15	14894455	32.73	17739639	36.62

注：*** 表示土地流转率居于全国前三的省(区、市)，+++ 表示土地流转率居于全国倒数前三的省(区、市)，数据不包含西藏和港澳台，由于2018年家庭承包经营耕地面积数据缺失，故采用前后两年平均值的方式进行补充完善。

二、土地流转期限

(一)土地转出期限

土地转出期限的统计来自2015年和2017年中国农村家庭追踪调查数据，两期的农户数量分别为2805户和1751户，合计4556户。图4-3呈现了不同土地转出期限的农户数量占比情况，在转出土地的农户家庭中，未约定流转期限的数量为2702户，占总转出户的59.31%；约定期限为1~5年的转出户为1030户，占比22.61%，即转出土地的农户中绝大部分农户的流转期限小于5年(81.92%)；流转期限约定为6~10年和大于10年的农户数量分别为286

和538户,占比分别为6.28%和11.80%,即流转期限超过5年的农户占比不足20%(18.08%)。总体来看,当前中国农村土地转出的期限普遍较短,流转期限较为随意,且多数未签订流转期限。

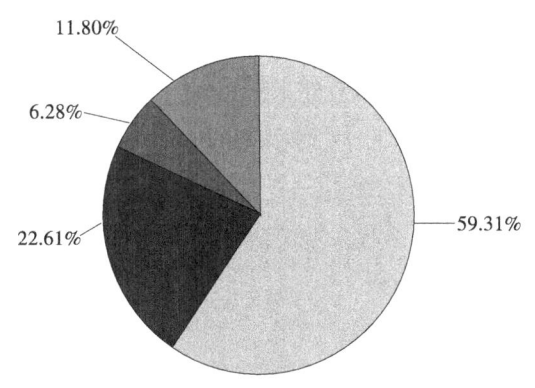

图4-3 不同土地转出期限的农户数量占比

（未约定流转期限 59.31%，1—5年 22.61%，6—10年 6.28%，大于10年 11.80%）

表4-3呈现了农户家庭土地转出对象的统计。结果显示,把土地转给本村普通农户的数量达到3164户,占总转出户的71.23%;其次,转给专业大户和非本村普通农户的数量分别为505和342户,占比分别为11.37%和7.70%。除此之外,转给家庭农场、农民合作社、村集体、公司或企业,以及中介机构、其他等主体的农户数量普遍较低,合计为431户,不及总转出户的1/10(9.70%)。总体而言,当前土地转出对象仍以本村普通农户为主,占比超过70%,转出专业大户和非本村普通农户的数量,占比已接近1/5(19.07%)。

表4-3 土地转出对象的统计

转出对象	农户数量/户	占比/%
本村普通农户	3164	71.23
专业大户	505	11.37
非本村普通农户	342	7.70
家庭农场	12	0.27
农民合作社	29	0.65
村集体	145	3.27
公司或企业	220	4.95
中介机构	0	0.00
其他	25	0.56
合计	4442	100

注:占比不足或超过100%是因为对表中数据进行了四舍五入处理,下同。

(二)土地转入期限

图4-4呈现了不同土地转入期限的农户数量占比。结果显示,在转入土地的农户家庭中,未约定流转期限的农户数量达到1894户,占总转入户的68.08%;约定期限为1~5年的农户数量为441户,占比为15.85%,即多数土地的转入期限不足5年(83.93%);流转期限为6~10年和大于10年的农户数量分别为194和253户,相应的占比分别为6.97%和9.10%,即转入期限超过5年的农户占比不足20%。整体来看,与土地转出期限较为相似,当前中国农村土地转入期限普遍较短,且多数未约定流转期限。

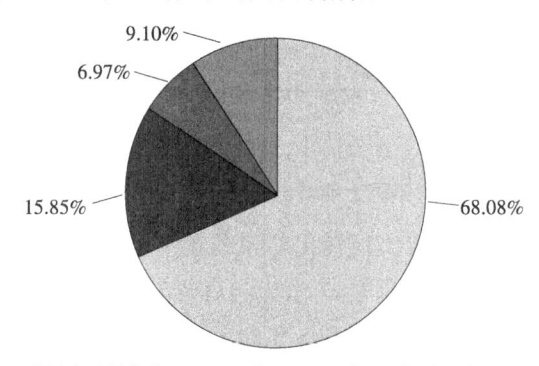

图4-4 不同土地转入期限的农户数量占比

表4-4呈现了农户家庭土地转入对象的统计情况。结果显示,土地转入给本村普通农户的数量为1934户,占转入对象的87.39%;其次,转入给非本村普通农户为131户,占转入对象的5.92%。此外,转入给专业大户、家庭农场、农民合作社、村集体、公司(企业),以及中介机构、其他等主体的数量合计为148户,占比为6.69%。整体而言,当前土地转入对象仍以本村普通农户为主,占比接近90%(87.39%)。

表4-4 土地转入对象的统计

转入对象	农户数量/户	占比/%
本村普通农户	1934	87.39
非本村普通农户	131	5.92
专业大户	2	0.09
家庭农场	2	0.09
农民合作社	7	0.31

续表

转入对象	农户数量/户	占比/%
村集体	85	3.84
公司(企业)	1	0.05
中介机构	11	0.50
其他	40	1.81
合计	2213	100

三、土地流转途径

(一)土地转出途径

表4-5呈现了土地转出途径的统计情况。结果显示,土地转出途径大致包括有流转意愿的普通农户私下协商、村委会统一经营、村委会集体流转给公司或其他机构、村委会整理土地后划片分包给农户、其他等。具体来看,有流转意愿的普通农户私下协商的途径达到1426户,占土地转出总农户的82.24%;同时村委会统一经营、村委会集体流转给公司或其他机构,以及村委会整理土地后划片分包给农户的农户数量分别为115、135和45户,分别占比为6.63%、7.79%和2.60%。整体来看,当前中国农村农户转出土地主要采用有流转意愿的普通农户私下协商的途径,而通过村委会介入转出土地的农户数量占比偏低,不足20%(17.02%)。

表4-5　土地转出途径的统计

转出途径	农户数量/户	占比/%
有流转意愿的普通农户私下协商	1426	82.24
村委会统一经营	115	6.63
村委会集体流转给公司或其他机构	135	7.78
村委会整理土地后划片分包给农户	45	2.60
其他	13	0.75
合计	1734	100

(二)土地转入途径

表4-6呈现了土地转入途径的统计情况。结果显示,通过有流转意愿的普通农户私下协商转入的农户数量为505户,占比为89.07%,而通过村集体

将农户的地集中后划片分包、公司或其他机构将农户的地集中后再转包过来等途径的农户数量分别为48和3户,占比分别为8.47%和0.53%。整体来看,当前中国土地转入途径主要通过与普通农户私下协商的途径进行转入。

表4-6 土地转入途径的统计

转入途径	农户数量/户	占比/%
有流转意愿的普通农户私下协商	505	89.06
村集体将农户的地集中,然后划片分包	48	8.47
公司或其他机构将农户的地集中后,再转包过来	3	0.53
其他	11	1.94
合计	567	100

四、土地流转用途

(一)土地转出用途

表4-7呈现了农户转出耕地后的用途特征。结果显示,农户转出耕地后的用途大致包括粮食种植、经济作物种植、畜牧养殖、修建厂房仓库、服务经营、修建防护栏,以及荒废等。其中用于粮食种植的农户数量达到2141户,占比为64.27%,相反用于非粮食种植的比例为35.73%,即当前转出的耕地中已超过1/3(35.73%)处于"非粮化"状态。其次,用于粮食种植和经济作物种植的农户数量达到3056户(粮食种植为2141户,经济作物种植为915户),占比为91.74%,相反用于非农生产的比例为8.26%,即当前中国农村在转出的耕地中接近1/10(8.26%)处于"非农化"状态。

表4-7 转出土地的用途统计

转出用途	农户数量/户	占比/%
粮食种植	2141	64.27
经济作物种植	915	27.47
畜牧养殖	84	2.53
修建厂房仓库	52	1.56
服务经营	8	0.24
修建防护栏	84	2.53
荒废	47	1.41
合计	3331	100

(二)土地转入用途

表4-8呈现了转入土地的用途统计。结果显示,转入土地用于粮食种植的农户数量达到2194户,占比为74.14%;用于经济作物种植的农户数量为707户,占比为23.89%,其他"非农化"用途(包括修建厂房仓库、服务经营,以及修建住宅、荒废、其他)的农户数量32户,占比约为1%。当前中国农村已流转的土地具有明显的"非粮化""非农化"倾向,其中"非粮化"的比例约为1/4,"非农化"的比例接近1%。

表4-8 转入土地的用途统计

转入用途	农户数量/户	占比/%
粮食种植	2194	74.14
经济作物种植	707	23.89
牲畜养殖	26	0.88
修建厂房仓库	4	0.14
服务经营	5	0.17
修建住宅	0	0.00
荒废	12	0.41
其他	11	0.37
合计	2959	100

五、土地流转租金

(一)土地转出租金

表4-9呈现了2013、2015和2017年农户转出耕地获得租金的情况。结果显示,耕地流转租金不断上升,从2013年到2017年亩均耕地租金从459.85元升至649.96元,上升幅度达到41.34%。表4-10呈现了农户转出耕地的租金收取方式,在已转出的耕地中,免费流转(不收租金)的农户数量达到723户,占比为41.72%,即在参与转出耕地的农户家庭中,超过2/5的农户家庭选择以"零租金"方式转出耕地;支付租金的农户家庭达到873户,占比为50.37%,其他的主要以发放实物、股份分红,以及现金或实物等组合方式收取租金。

表4-9 主要年份耕地流转租金

年份	均值/(元/亩)	方差/(元/亩)²	最小值/(元/亩)	最大值/(元/亩)	样本量/户
2013	459.85	1871.97	0	32000	536
2015	580.50	4730.27	0	140000	2778
2017	649.96	2479.57	0	40000	1020

表4-10 农户转出耕地的租金收取方式

租金收取方式	农户数量/户	占比/%
免费流转(不收租金)	723	41.72
支付租金	873	50.37
发放实物,如农产品	86	4.96
股份分红	5	0.29
现金/实物+分红	10	0.58
其他	36	2.08
合计	1733	100

图4-5呈现了农户转出耕地获得租金的结算期限,统计显示,在转出耕地获得租金的1029户家庭中,其中每年结算一次的农户家庭数量达到862户,占比为83.77%;固定期限结算、一次性结算和非固定期限结算的农户数量分别为31、55和41户,分别占比为3.01%、5.34%和3.98%,其他结算期限的40户,占比3.89%。图4-6呈现了租金年际变化情况,结果显示,在流转期限内,土地租金固定不变的农户数据为583户,占比60.79%;另外接近40%的农户家庭会对土地租金进行调整,主要包括逐年递增、按照农产品市价变化和每年协商等方式,其中按照农产品市价变化而调整租金的农户比例较高,达到14.70%。

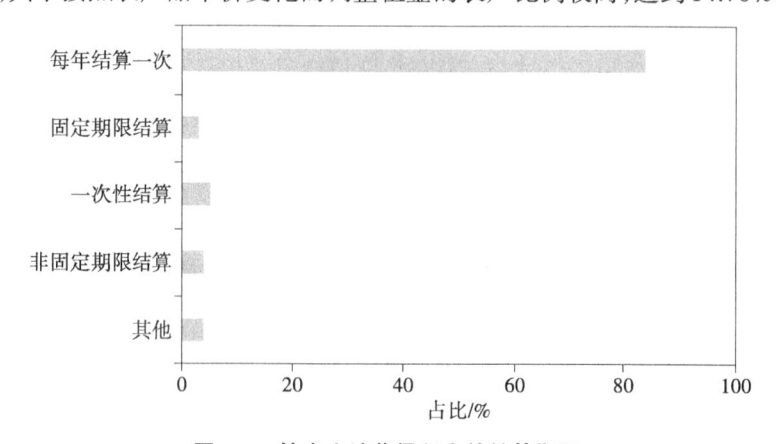

图4-5 转出土地获得租金的结算期限

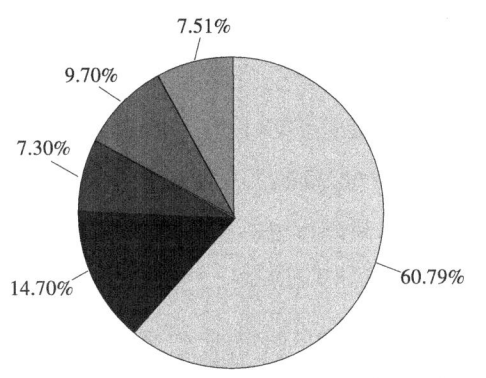

■固定不变 ■按照农产品市价变化 ■逐年递增 ■每年协商 ■其他

图4-6 转出土地获得租金的年际变化

为了对比农户转出土地获得租金的区域差异,本章对农村固定观察点数据库中的农户流转租金情况进行了统计。结果显示,全国整体转出土地亩均获得租金为243.23元;其中52.63%的户主转出土地并未获得租金,即"零租金"转出土地的比例为52.63%,33.20%的农户亩均获得租金介于0~500元,仅4.78%的农户亩均获得租金超过1000元。具体到各个区域,平原、丘陵和山区"零租金"转出土地的比例分别为40.87%、57.52%和56.96%;而租金大于1000元/亩的比例均小于10%。整体来看,当前以"零租金"形式转出土地的现象尤为普遍,平原地区占比约为40%,丘陵和山区甚至已超过50%。

表4-11 转出土地获得租金的区域差异比较

区划	转出土地户数/户	"零租金"流转 农户数/户	占比/%	每亩租金介于 0—500元 农户数/户	占比/%	每亩租金介于 500—1000元 农户数/户	占比/%	每亩租金大于 1000元 农户数/户	占比/%
全国	19101	9994	52.32	6413	33.57	1792	9.38	902	4.72
平原	5782	2363	40.87	2257	39.03	794	13.73	368	6.36
丘陵	7917	4554	57.52	2929	36.99	326	4.12	108	1.36
山区	5402	3077	56.96	1227	22.71	672	12.44	426	7.88

注:(1)数据来自农村固定观察点数据库,调查问卷中包含各村的地势,其中:平原=1;丘陵=2;山区=3;(2)转出土地亩均获得租金243.23元。

(二)土地转入租金

表4-12呈现了农户转入耕地支付租金的方式统计,结果显示,在转入耕地的农户家庭中,免费流转(不用支付租金)的农户数量达到1733户,占比为34.10%;支付租金的占比为65.90%,其中支付实物租金(以农产品折算)、支付租金(含实物折算成现金)和股份分红的农户数量分别为2449、880和21户,分别占比为48.18%、17.31%和0.41%。

表4-12 农户转入耕地支付租金的方式

租金支付方式	农户数量/户	占比/%
免费流转(不用支付租金)	1733	34.10
支付实物租金(以农产品结算)	2449	48.18
支付租金(含实物折算成现金)	880	17.31
股份分红	21	0.41
其他	0	0.00
合计	5083	100

图4-7呈现了转入耕地支付租金的期限,其中每年结算一次的农户占比高达83.50%,而固定期限结算、一次性结算和非固定期限结算的比例分别为2.64%、9.24%和2.64%,其他占比1.98%。

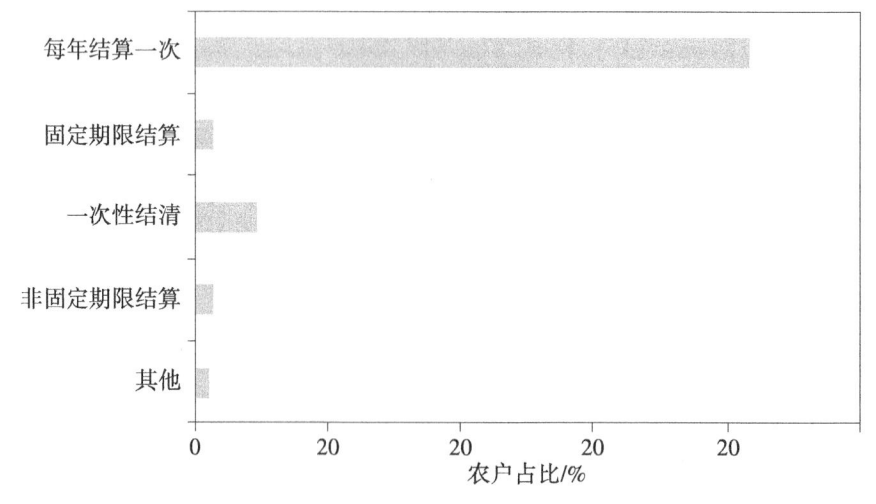

图4-7 转入耕地支付租金的结算期限

图4-8呈现了转入土地支付租金的年际变化情况,其中固定不变的农户占比为58.97%,相反,租金逐年递增、按照农产品市价变化和每年协商支付的

占比分别为8.79%、17.22和11.36%。

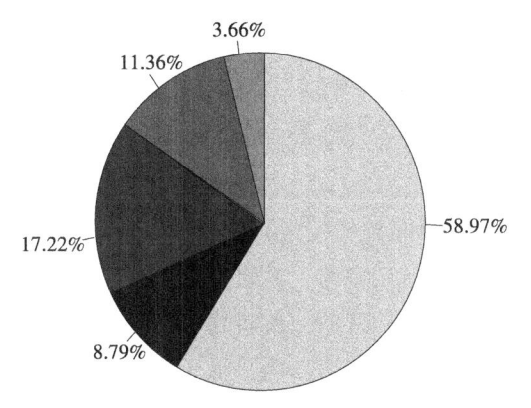

▨固定不变 ■逐年递增 ■按照农产品市价变化 ■每年协商 ■其他

图4-8 转入土地支付租金的年际变化

表4-13呈现了农户转入土地支付租金的统计情况。整体上,转入土地支付租金约283.74元/亩;其中6169户农户转入土地未支付租金,占总转入农户的55.72%,即"零租金"转入占比为55.72%。31.63%农户转入土地支付的租金介于0~500元/亩;仅有7.15%的农户转入土地支付租金超过1000元/亩。具体到各区域,平原地区转入土地的"零租金"占比最低,约50%;而丘陵和山区的"零租金"占比分别为51.68%和68.67%。农户转入土地过程中,存在大量的"零租金"转入现象,不同地形区域存在明显差异,海拔较高和地形复杂的丘陵山区"零租金"占比较高。

表4-13 转入土地支付租金的区域差异比较

区划	转入土地户数/户	"零租金"流转 农户数/户	"零租金"流转 占比/%	每亩租金介于0~500元 农户数/户	每亩租金介于0~500元 占比/%	每亩租金介于500~1000元 农户数/户	每亩租金介于500~1000元 占比/%	每亩租金大于1000元 农户数/户	每亩租金大于1000元 占比/%
全国	11072	6169	55.72	3502	31.63	609	5.50	792	7.15
平原	3137	1579	50.33	1157	36.89	133	4.24	268	8.54
丘陵	5056	2613	51.68	1851	36.61	304	6.01	288	5.70
山区	2879	1977	68.67	494	17.16	172	5.97	236	8.20

注:(1)固定观察点村调查中包含各村的地势,其中:平原=1;丘陵=2;山区=3。然后把村问卷与农户问卷进行匹配,进而获得各住户的地势指标。(2)11072户仅为从其他农户转入土地的家庭,而来自村集体或开荒地(约3923户)未统计。(3)转入土地亩均支付租金283.74元。

第四节 土地流转的驱动因素

一、土地流转区域差异

图4-9呈现了全国不同省(区、市)的土地转出率和土地转入率情况。结果显示,不同地区的土地转出率与土地转入率之间存在差异。浙江、江苏、天津、辽宁和河北等东部沿海地区的土地转出率明显高于土地转入率;黑龙江、吉林、山东等产粮大省的土地转出率明显低于土地转入率。这种地区间土地流转的差异可能受到当地社会经济发展水平的影响,比如沿海经济发达地区的工业和服务业相对发达,非农就业机会较多,且非农工资相对较高,因而这些地区的农户一般倾向于转出耕地,选择非农就业,即土地转出率明显高于土地转入率;相反,社会经济发展水平相对落后的地区,非农就业机会较少,且非农工资相对较低,该地区的农户可能会倾向于从事农业生产,比如从其他农户手中转入耕地,形成一个适度规模经营的家庭农场,以获得较为可观的家庭收入,即表现为土地转入率明显高于土地转出率。当然,这种地区间土地流转的差异往往受到多种因素的影响,下面本节将借助Heckman两阶段模型识别影响土地流转区域差异的影响因素。

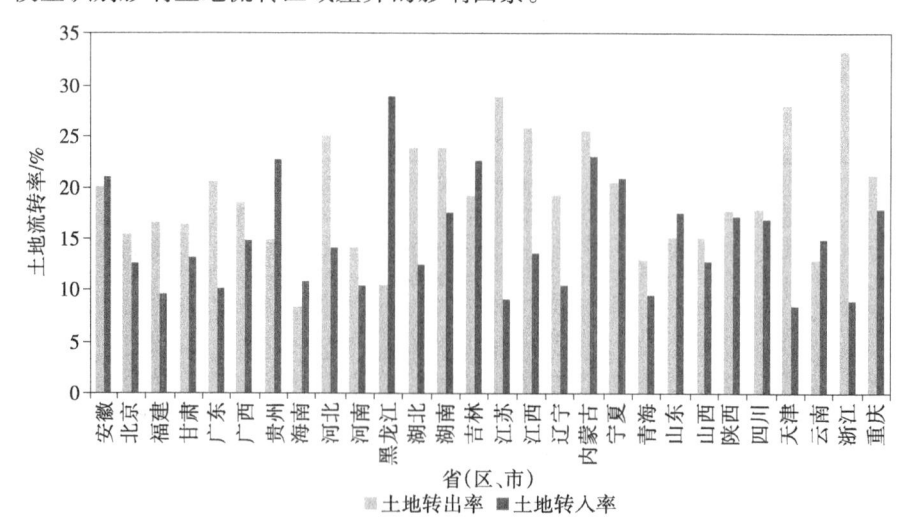

图4-9 全国不同省(区、市)的土地转出率与转入率

注:数据来源于2015年和2017年的浙江大学中国家庭追踪调查数据,受农户数量所限,不包含新疆、西藏和港澳台等地。

此外，图4-10呈现了各省(区、市)土地租金的差异比较。整体上，各地转入土地支付租金和转出土地获得租金呈现较强的一致性。具体到各地区，浙江、云南、山东和江苏等省的土地租金较高，转入和转出亩均租金均超过了400元，比全国平均水平约高出20%~40%。甘肃、湖北、青海和重庆等地的亩均土地支付、获得租金均低于200元，低于全国平均水平。值得一提的是，在云南省，转出土地获得亩均租金达到897元，远远高于全国平均租金水平，实地调研发现，云南以经济作物和特色农产品为主，比如转出土地被用来种植香蕉，亩均租金甚至超过1000元，有的耕地租给泥鳅养殖，亩均租金高达数千元。与此同时，统计结果显示浙江省转入土地亩均租金达到764元，调研发现，浙江省转入土地的农户多以种植蔬菜和瓜果居多，转入土地多用来种植经济作物，土地租金同样普遍较高。

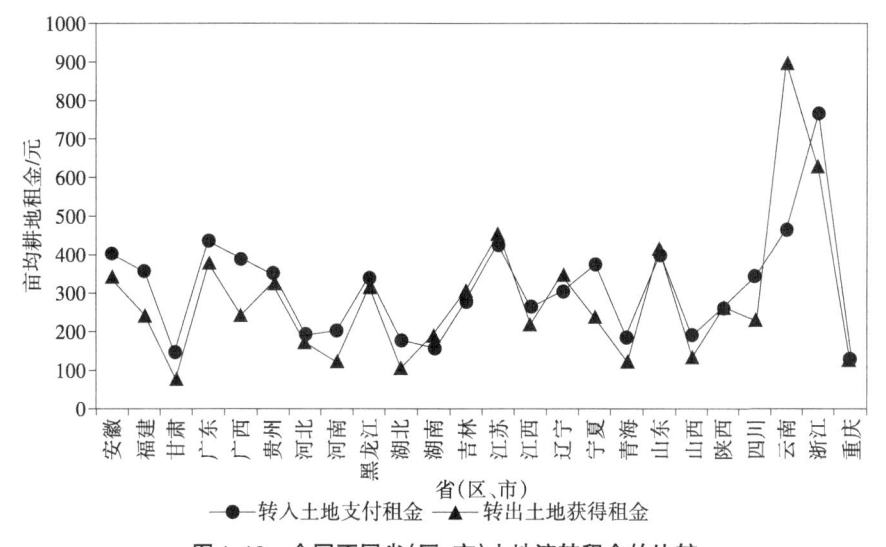

图4-10 全国不同省(区、市)土地流转租金的比较

注：数据来源于2015年和2017年的浙江大学中国家庭追踪调查数据，受农户数量所限，不包含北京、天津、内蒙古、海南、上海、新疆、西藏，以及港澳台等地。

二、土地流转土地差异的驱动因素

中国土地流转存在典型的区域异质性，各省(区、市)之间和不同地形区域的差异均较大，比如丘陵和山区"零租金"土地流转比例比平原约高20%，要探讨土地流转区域差异的影响因素，有必要从全国层面开展土地转出和土地转入差异性的因素识别。考虑到农户转出和转入土地的行为往往受到地块质量、农户家庭,以及村庄等区域经济发展的影响,故在识别土地流转区域差异的影响因素时,本节把各因素归纳为地块特征、家庭特征和村庄特征三类,以便科学、准确识别土地流转区域差异的影响因素。在实证分析之前,需对变量的多重共线性和Heckman模型的适用性进行检验。首先,本节采用方差膨胀因子(VIF)检验变量之间的共线性问题,结果显示单变量VIF的最大值为3.79,整体VIF值为2.73,远小于临界阈值10,变量之间不存在严重共线性问题;其次,Probit模型估计是否转出土地的残差项符合正态分布,同时获得租金的逆米尔斯比率(λ)在10%水平下显著,说明农户转出土地存在"自选择性"问题,故采用Heckman两阶段模型。全国层面土地流转差异的实证结果如下:

表4-14呈现了全国层面土地转出特征时空差异的Heckman两阶段估计结果。村庄特征的村内耕地流转率在第二阶段中对耕地租金并无明显影响,剔除之后其他变量的系数和显著性并未发生实质性改变,故部分村庄特征变量未纳入第二阶段模型。具体来看:

(1)地块特征。在第一阶段中,地块规模和是否完成土地确权对农户是否转出土地的影响不大,但在第二阶段中,地块规模显著提高了耕地流转租金,地块规模的回归系数为0.138,且在1%水平下显著为正,即地块规模对农户家庭是否转出耕地的影响不大,但若转出耕地后,地块规模越大,获得的亩均租金越高。

(2)家庭特征。在第一阶段中,家庭生产性牲畜价值和家庭农业机械总价值的回归系数分别为-0.032和-0.052,且分别在5%和1%水平下显著为负,说明农户家庭生产性牲畜价值和农业机械价值越高,农户越不愿转出耕地。但在第二阶段中,家庭生产性牲畜价值和农业机械总价值的回归系数分别为0.039和0.065,且均在1%水平下显著为正,说明若农户家庭即便转出耕地,家庭生产性牲畜价值和农业机械价值越高,收取的耕地租金也越高。家庭总收入、户主年龄、户主受教育水平,以及户主婚姻状况等因素土地是否转出,以及耕地租金高低影响不大。

(3)村庄特征。在第一阶段中,村内互联网普及率、村内耕地流转率、村内耕地流转租金,以及村内人均可支配收入的回归系数均为正向,且分别在1%、5%、1%、10%水平上显著,说明村内互联网普及率、耕地流转率、耕地流转租金和人均收入水平越高,农户越愿意转出土地。在第二阶段中,村内互联网普及率、耕地流转租金、通往县城中心的道路数量、人均可支配收入水平、城乡养老保障制度的建立,以及村内有特色产业等因素均能显著正向影响农户家庭的土地流转租金水平。整体来看,农户家庭是否转出耕地,以及耕地租金水平的高低受到地块、家庭和村庄三个层次多个因素的影响,其中村庄特征的影响因素较多且影响程度较大。

表4-14 全国土地转出特征差异的Heckman两阶段估计结果

变量		阶段1:是否转出		阶段2:耕地租金	
		回归系数	t值	回归系数	t值
地块特征	地块规模	0.037	0.28	0.138***	3.72
	是否完成土地确权(是=1,否=0)	0.096	0.63	−0.009	−0.19
家庭特征	家庭总收入	0.067	1.55	0.046	1.51
	家庭生产性牲畜价值	−0.032**	−2.21	0.039***	2.69
	家庭农业机械总价值	−0.052***	−5.21	0.065***	8.96
	户主年龄	0.011	1.31	0.019	1.35
	户主年龄平方项	0.001	−0.25	0.001	−0.23
	户主受教育水平	0.021	0.73	0.019	0.79
	户主婚姻状况	0.021	1.32	0.026	1.39
村庄特征	村内互联网普及率	0.355***	2.71	0.968***	7.4
	村内耕地流转率	0.343**	2.28	—	—
	村内耕地流转租金	0.674***	6.07	0.084***	3.14
	通往县城中心的道路数量	0.079	0.73	0.211***	7.34
	是否为贫困县(是=1,否=0)	0.178	0.86	0.339***	5.78
	村内是否有特色产业(是=1,否=0)	0.011	1.02	0.095*	1.89
	村内人均可支配收入	0.241*	1.85	0.107**	2.54
	城乡养老保障制度(建立=1,尚未建立=0)	−0.177	−0.65	0.705***	11.70
常数项		−2.419	−1.36	−5.750***	−9.77
Year dummies		Yes			
Regional dummies		Yes			
lambda(λ)		0.196**			
Wald chi2(12)		493.14			
Prob > chi2		0.000			
样本数量		9429			

注:*、**、***表示在10%、5%、1%水平下显著;参照程令国等做法,被解释变量获得租金=Log(1+实际租金水平)。

表4-15呈现了土地转入特征差异的Heckman两阶段估计结果。

表4-15 全国土地转入特征差异的Heckman两阶段估计结果

变量		阶段1:是否转入		阶段2:耕地租金	
		回归系数	t值	回归系数	t值
地块特征	地块规模	0.124	1.03	0.191***	5.05
	是否完成土地确权(是=1,否=0)	0.346**	2.12	0.109*	1.95
家庭特征	家庭总收入	−0.012	−0.44	−0.008	−0.7
	家庭生产性牲畜价值	0.003	0.22	0.003	0.29
	家庭农业机械总价值	0.091***	9.82	0.097***	14.29
	户主年龄	−0.040***	−2.82	−0.048***	−2.92
	户主年龄平方项	0.0005***	3.22	0.0005***	3.31
	户主受教育水平	−0.029	−1.01	−0.031	−1.07
	户主婚姻状况	−0.041	−1.39	−0.044	−1.33
村庄特征	村内劳动力外迁比例	−1.221*	−1.81	—	—
	村内互联网普及率	0.531	1.12	0.887***	5.69
	村内耕地流转率	0.071	0.51	—	—
	村内耕地流转租金	0.304***	3.04	−0.063**	−2.4
	通往县城中心的道路数量	−0.058	−0.53	0.096***	2.68
	是否为贫困县(是=1,否=0)	−0.262	−1.26	0.345***	5.19
	村内是否有特色产业(是=1,否=0)	0.002	0.18	0.076	1.28
	村内人均可支配收入	−0.007	−0.05	−0.039	−0.94
	城乡养老保障制度(建立=1,尚未建立=0)	−0.307	−1.31	0.631***	8.72
常数项		4.582***	3.38	−3.11***	−4.79
Year dummies		Yes			
Regional dummies		Yes			
lambda(λ)		−0.368*			
Wald chi2(12)		35.22			
Prob > chi2		0.000			
样本数量		10136			

注:***表示$p<0.001$;**表示$p<0.05$;*表示$p<0.1$;参照程令国等做法,被解释变量获得租金=Log(1+实际租金水平)。

(1) 地块特征。第一阶段是否完成土地确权的回归系数为0.346,在5%水平下显著为正,说明土地确权促进了农户家庭转入耕地从事农业生产。第二阶段地块规模和是否完成土地确权均显著正向影响耕地租金,即地块规模越大且已完成确权的耕地,转入户越愿意支付更高的流转租金。

(2) 家庭特征。第一阶段家庭农业机械总价值的系数为0.091,且在1%水平下显著为正,第二阶段家庭农业机械总价值系数为0.097,在$p<0.001$水平下显著为正,说明家庭农业机械总价值越高,农户家庭越倾向于转入耕地,同时愿意支付的租金也越高。值得注意的是,户主年龄的一次项和二次项分别为-0.040和0.0005,且均在1%水平下显著,户主年龄与土地转入意愿呈现"U"型关系,户主年龄的拐点在40岁,即当户主年龄低于40岁时,农户家庭不愿意转入耕地,此时农户家庭倾向于从事非农就业,而当户主年龄大于40岁时,农户家庭愿意转入耕地,此时农户家庭倾向于从事农业经营。

(3) 村庄特征。第一阶段村内劳动力外迁比例的系数为-1.221,在10%水平下显著为负,说明村内劳动力外迁比例越高,村内农户家庭转入耕地的意愿越低。在第二阶段中,村内互联网普及率、通往县城中心的道路数量、是否为贫困县,以及城乡养老保障制度的系数均在5%以上水平下显著为正,说明互联网普及、与外界通达度较高、贫困县,以及城乡养老保障制度已建立的村庄转入耕地的租金更高;反之,耕地流转租金偏低。

第五节 本章小结

本章基于土流网、中国农村家庭追踪调查数据库和农村固定观察点数据库等资料,借助Heckman两阶段模型等方法,系统揭示当前中国农村土地流转的规模、期限、途径、用途和租金等特征,并识别地区间土地流转及租金差异的影响因素。结论如下:

从土地流转规模上看,2005—2020年中国农村土地流转规模呈现显著上升趋势。耕地流转面积从2005年0.55亿亩,增加至2020年的5.43亿亩,相应地,流转耕地面积占家庭总承包耕地面积的比例从4.57%升至38.50%。具体到各个省(区、市),东部经济发达地区的土地流转率较高,而华中、西南和西北等地区的土地流转率较低。从土地流转期限上看,土地流转期限普遍较短,多数尚未约定流转期限(未约定流转期限的转出户占比59.31%,未约定流转期限的转入户占比68.08%),土地流转期限不固定且较为随意。

从土地流转途径上看,中国农村仍以有流转意愿的普通农户私下协商完成土地流转行为为主,村委会、村集体和公司等参与主体引导土地流转的规模较小;从土地转出用途上看,在转出、转入的土地中,用于粮食作物种植的占比分别为64.27%、74.15%,用于经济作物中的占比分别为27.47%、23.89%,具有明显的"非粮化""非农化"倾向,转入土地用途"非粮化"占比约有1/4;从土地流转租金上看,2013、2015、2017年的全国耕地流转租金分别为459.85、580.50、649.96元/亩,在已经发生流转的土地中,全国大约有40%的耕地处于"零租金"流转状态,丘陵山区"零租金"流转的比例更高,甚至超过50%。

不同省(区、市)土地转出率和转入率均存在差异,东部沿海地区的土地转出率明显高于土地转入率,而粮食主产区的土地转出率明显低于土地转入率;同时,各个地区的土地流转租金同样存在差异,浙江、云南、山东、江苏等地的耕地租金普遍较高,而甘肃、湖北、青海和重庆等地区的耕地租金普遍较低。不同地区土地流转意愿及租金的差异,究其根源是受到地块、家庭和村庄三个层面多种因素综合作用,其中村庄的影响因素较多且影响程度较大。

第五章　土地流转中的交易费用测度及效应

第一节　问题提出

近年来,政府已多次强调推动农村土地流转市场规范化建设,形成适度规模化经营。2002年,全国人大常务委员会通过的《农村土地承包法》第37条规定:"土地承包经营权发生转包、出租和转让等方式流转时,当事人双方应当签订书面合同,并规定流转期限、价款、支付方式和违约责任"[①]。2014年,国务院办公厅《关于引导农村产权流转交易市场健康发展的意见》指出:"推动农村土地经营权流转交易公开、公正和规范运行"[②]。2016年,原农业部关于印发《农村土地经营权流转交易市场运行规范(试行)》中特别强调:"保障土地经营权流转的规范,要求流转双方签订流转合同,约定流转方式、价格、土地用途和违约责任"[③]。2019年,中共中央、国务院《关于坚持农业农村优先发展,做好"三农"工作的若干意见》指出:"坚持家庭经营基础性地位,赋予双层经营体制新的内涵;完善落实集体所有权、稳定农户承包权、放活土地经营权的法律法规和政策体系;健全土地流转规范管理制度,发展多种形式农业适度规模经营,允许承包土地的经营权担保"[④]。由此可见,国家已从顶层设计的视角来积极推动农村土地流转市场的规范运行。

然而,当前中国农村仍然普遍存在着"非正规性"的土地流转行为。基于

[①] 《中华人民共和国农村土地承包法》,2002年.(2016-01-20)[2023-07-04],http://www.doc88.com/p-9019706047049.html.

[②] 《关于引导农村产权流转交易市场健康发展的意见》,2014年.(2015-01-22)[2023-07-04],http://www.gov.cn/zhengce/content/2015-01/22/content_9424.htm.

[③] 《农村土地经营权流转交易市场运行规范(试行)》,2016年.(2016-06-29)[2023-07-04],http://www.gov.cn/gongbao/content/2016/content_5139846.htm.

[④] 《关于坚持农业农村优先发展做好"三农"工作的若干意见》,2019年.(2019-02-19)[2023-07-04],http://www.gov.cn/zhengce/2019-02/19/content_5366917.htm.

17个省(区、市)的调查发现,超过80%的土地在流转过程中未签订流转合同,52%的未规定流转期限,同时接近40%的未支付租金(叶剑平等,2010)。基于江苏、湖北、黑龙江和广西四地的农户调研显示,在已流转的土地中,超过30%的属于"零租金"流转(钱忠好和冀县卿,2016)。同时,丘陵山区"零租金"流转的比例更高,2012年典型山区"零租金"流转比例已超过70%(郑凯丽和周洪,2016;范乔希和冉莉君,2018)。对于土地"零租金"流转的解释已从两个方面进行了报道:其一是用"熟人社会"解释"零租金"现象,已有学者注意到大约80%的土地"零租金"流转发生在亲戚或者熟人之间(Gao et al.,2012;郑凯丽和周洪,2016),农户为了追求土地承包权的安全,通常以"零租金"或低租金的形式在亲戚或者熟人之间进行流转土地(马元等,2009;刘芬华,2011;王亚楠等,2015)。若"熟人社会"可以解释土地"零租金"流转的话,中国农民自古就具有很强的乡土情结,农村也一直属于熟人社会,那么为什么历史时期即使把土地转给亲戚仍可以获取较高租金呢?20世纪初期,华北地区的调研显示,地主虽然会把土地优先租给亲戚,但土地租金并未得到照顾(黄宗智,2013;陈奕山等,2017)。因而"熟人社会"解释农村普遍存在的土地"零租金"流转现象难以让人信服。其二是用"人情租"解释"零租金"现象,即在城镇化背景下隐性的"人情租"替代了总额不高的实物与货币租(陈奕山等,2017)。中国科学院基于不同农业类型区和典型山区县的调查发现,在"零租金"流转的土地中,接近80%的发生在亲戚或者熟人之间,日常生活或逢年过节有人情往来;然而,仍有超过20%的发生在陌生小农户、家庭农场和农业企业之间,其间很少有人情往过。"人情租"可以解释发生在亲戚或者熟人之间的"零租金"现象,但与陌生人之间的"零租金"流转现象仍无法解释。可以说,"人情租"对土地"零租金"流转的解释力度仍然有限。

事实上,土地"零租金"流转通常被认为是土地流转市场发育不健全和不完善的一种表现(陈奕山等,2017;Wang et al.,2018)。已有报道显示,20世纪以前,土地租佃制度中通常以五成产出作为土地租金(赵冈和陈钟毅,2006);1900—1920年,多数地区采用实物定额地租形态,地租规模同样为五成产出(邢丙彦,2004;邢丙彦,2012);民国时期,租金通常占土地产出的四成(邢丙彦,2012;李文海,2014),比如民国二十一年(1932年),基于中国22个省份土地租金的调研显示,土地租金随土地质量等级下降而减少,最低不少于土地产值的25%,最高达到69%(Cheung,1969);新中国成立前期,土地租赁关系中以产出的27%～32%作为土地租金(邢丙彦,2012)。历史时期,不论地块质量优劣,地租均占据较高的比重,"零租金"现象实属罕见。因此,土地"零租金"流转规模测算,以及背后的原因探究有助于理解"非正规性"土地流转市场的特征,为推动农村土地流转市场健康发展提供实证参考。

有鉴于此,本研究从土地流转的"非正规性"特征出发,首先构建交易费用影响土地流转的理论框架,其次基于浙江大学中国农村家庭追踪调查和重庆市永川区、忠县与酉阳县的农户家庭调查数据,系统性测算土地流转过程中交易费用的规模,并借助计量经济学模型评估交易费用对土地流转的影响程度,以期为推动中国农村土地流转市场的健康发育提供实证依据和科学建议。

第二节 交易费用影响土地流转的理论框架

一、土地流转过程中交易费用类型

已有研究表明,中国土地流转市场仍然发育不够完善,无法对土地资源进行有效配置,土地流转过程中存在交易费用(Jin and Deininger,2009;Wang et al.,2018)。要素市场缺失和不完善产生交易费用,从而影响土地流转。借鉴已有研究对交易费用非分析范式,本研究把土地流转中的交易费用分为交易前、交易中和交易后三类交易费用(Williamson,1979;Skoufias,1995),具体来看:

(1)事前交易费用指潜在交易双方因信息不对称所产生的成本,比如搜寻潜在交易对象、获取土地供需,以及流转租金等信息。一般而言,若市场中存在流转中介,提供和发布土地流转信息,将会大幅度降低交易前期的交易费用(Deininger et al.,2012;Jin and Jayne,2013)。

(2)事中交易费用指在土地流转过程中因涉及土地交易进行谈判、讨价还价和签订合约等程序所耗费的成本,比如交易双方在确定流转规模、租金、合同期限和支付方式等事项。2014年,国家虽然明确了开展土地"三权分置"改革,但流转交易双方的权利和义务仍未清晰界定,产权纠纷仍然较多(陈朝兵,2016;孙宪忠,2016;张毅等,2016)。若存在第三方机构在中间进行协商,将会减少双方在交易过程中的成本。

(3)事后交易费用指土地流转之后因解决纠纷而耗费的成本,比如交易主体单方违约,转入方可能改变土地用途或对土地掠夺性开发等;同时转出方可能后期追加租金和提前收回土地等。为了防范此类潜在风险,土地流转双方应签订具有法律效力的书面合同,降低两者的违约概率和减少双方的损失。若土地流转中双方均能签订书面合同,将会减少违约的概率,降低双方在土地流转中的交易费用。

二、交易费用影响土地流转的机理

图5-1呈现了交易费用对土地流转租金的影响机制。随着非农工资持续上涨和大量农村劳动力析出,山区土地边际化和村庄"空心化"趋势不断加剧,受到山区自然地理条件所限,机械等省工性技术难以得以有效普及,导致耕地净收益偏低,地租不断下降。当土地流转过程中存在过高的交易费用时,进一步压缩了耕地流转租金。在现行家庭联产承包责任制下,"人均一亩三,户不过十亩"的耕地格局造成农户耕地分布在多个地块上,耕地细碎化程度严重,在土地流转过程中面临较高的交易费用。当交易费用高至耕地租金降为零或负值时,农户家庭倾向于"零租金"转出土地,并且多数土地转给同村亲戚或者熟人耕种,以便后期能够顺利收回土地。

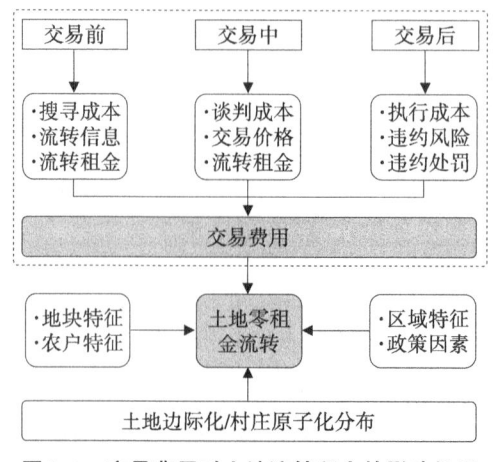

图5-1 交易费用对土地流转租金的影响机理

事前、事中和事后三类交易费用共同决定了土地流转中交易费用的高低，对土地流转租金产生影响，图5-2和图5-3描述了交易费用对土地流转租金的作用机制。图5-2为土地流转中不存在交易费用的情境：MR为土地经营的边际收益曲线，P为土地流转市场的均衡交易价格。当$MR>P$时，比如土地经营规模为Q_0，农户倾向转入土地以扩大经营规模；直到$MR=P$（此时土地经营规模为Q^*），达到土地流转的市场均衡，继续扩大经营规模不划算；而当$MR<P$时，比如土地经营规模为Q_1，经营此规模的土地已不划算，农户倾向转出土地以缩小经营规模；同样直到$MR=P$，土地流转市场的交易达到均衡。图5-3为土地流转中存在交易费用的情境：MR和P的含义与图5-2一致，土地流转的交易费用由TC_{in}和TC_{out}两部分构成，分别由转入方和转出方承担。对于转入方而言，转入土地的实际支付为$P+TC_{in}$，当$MR=P+TC_{in}$时，农户停止转入土地。此时，转入土地的支付租金为$P+TC_{in}$，高于不存在交易费用时的均衡价格P；同时租进土地规模为Q_0X_1，低于不存在交易费用时的Q_0Q^*。交易费用的存在降低了土地转入的规模，但提高土地流转租金水平。对于转出方而言，转出土地实际获得租金为$P-TC_{out}$，当$MR=P-TC_{out}$时，农户停止转出土地。此时，转出土地实际获得租金为$P-TC_{out}$，低于不存在交易费用时的均衡价格P；同时转出土地的规模为Q_1X_2，低于不存在交易费用时的Q_1Q^*。交易费用的存在降低了转出方的转出土地规模和实际获得的租金水平。当转出方承担的交易费用TC_{out}足够大直至等于P时（$rent_{out}=P-TC_{out}$），转出土地获得的租金基本趋零，即发生"零租金"流转土地的行为。可见，交易费用偏高是土地"零租金"流转的重要原因之一。

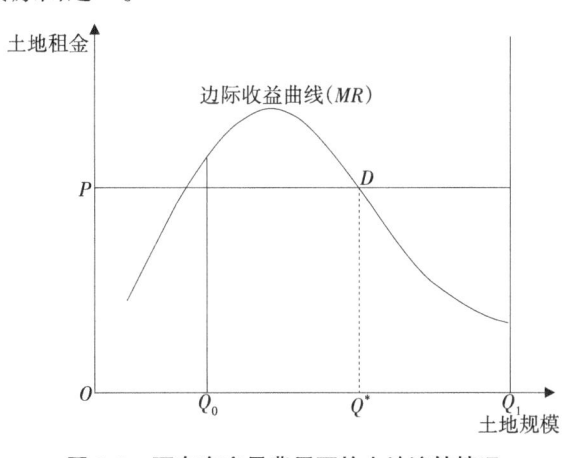

图5-2 不存在交易费用下的土地流转情况

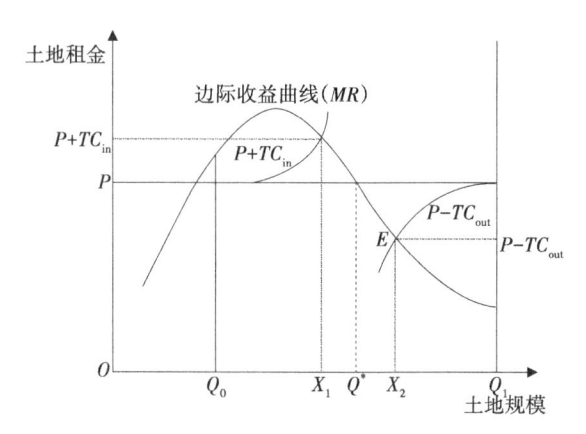

图 5-3　存在交易费用下的土地流转情况

第三节　数据与方法

一、数据来源

(一)中国农村家庭追踪调查

中国农村家庭追踪调查(China Rural Household Panel Survey, CRHPS)来自浙江大学中国家庭调查项目组实施并完成调研。该部分主要采用2017年的中国农村家庭追踪调查数据,数据涉及中国农村家庭比较完整的信息,详细包括农户家庭的基本结构、农业生产经营、农业信贷、土地利用与流转、工商业生产经营、其他非金融资产、支出与收入、社会保障、基层治理与主观评价等各个方面。此外,数据还涉及中国基层单位(村委会)的基本情况,以及可供对比研究的城镇家庭数据。2017年的数据涉及全国29个省(区、市)的农村样本共24764个家庭77132人(其中实际居住在农村的农村家庭样本共12732个家庭45067人)、城镇样本15247个家庭49880人,具有全国、省级城市代表性,并在农村层面、城镇层面均具有代表性。该部分分析主要用到了数据库中的2017年农村样本,问卷中包含了"除了支付租金外,您为土地流转还花费了多少钱?"和"除了支付租金外,您为土地流转花费了多少时间(月)?"

两个问题,通过以上两个问题,可以测算出农村土地流转过程中存在的交易费用规模。

(二)典型案例区农户调查

为了揭示交易费用对土地流转租金或"零租金"的影响,本研究选取土地"零租金"流转比例较高的重庆市作为研究对象,依据重庆市内所辖区县的地形、高程和经济发展水平等综合特征,选取三个典型区县,即永川区、忠县和酉阳县。其中永川区地处长江中游北岸,地貌属于川东低山丘陵体系,海拔介于200~1025米,同时属于重庆市"城市经济发展新区",经济发展水平较高;忠县地处长江中上游,境内低山起伏,地貌由金华山、方斗山和猫耳山三个背斜构成,海拔介于117~1680米,属于典型的丘陵地貌,属于重庆市"渝东北生态涵养发展区",经济发展处于中等水平;酉阳县地处武陵山区,辖区内地形起伏较大,地貌分为中山区,海拔约800~1895米;低山区海拔约600~800米;槽谷和平坝海拔约260~600米;属于重庆市"渝东南生态保护发展区",经济发展处于中下等水平。此外,三个区(县)均以农业生产经营为主,土地流转较为活跃,代表了不同海拔和社会经济发展水平条件下的山区典型村庄。

数据来自中国科学院和西南大学"城市化对山区生态压力的影响"项目组开展的农户调查,于2014年7—8月份完成。农户样本采用分层抽样的方法获得:首先,根据重庆市地形和经济发展水平等选取3个典型山区县,即永川区、忠县和酉阳县;其次,根据区县内各乡镇的农业发展和土地流转状况在各辖区内选取2个乡镇,同时在每个乡镇内抽取1~2个典型村庄,共计6个乡镇和8个村庄;最后,从每个村庄内随机抽取约20%的农户进行调研,调研方法采用参与式农村评估法(Participatory Rural Appraisal,PRA)中的半结构式访谈(Wang er al.,2017),其中户主作为主要被访谈人,家庭其他成员辅以回答,每份问卷大约用时2~3小时。

经过整理,共获得394份有效农户问卷,永川区129户、忠县137户和酉阳县128户。农户问卷包含村庄地理特征、家庭基本情况、家庭成员就业信息、地块投入产出、地块流转情况、家庭资产和年度收支等,其中地块流转情况还详细记录了流转对象、规模、期限、租金、支付方式、获取流转信息途径、流转中是否有第三方机构协商和是否签订书面合同等。经过对样本的剔除和整理,最终有效问卷数量为380份,其中永川区125份、忠县137份和酉阳县118份,样本有效率为96.45%(表5-1)。此外,数据共计涉及697块地块信息。这些为本研究的顺利开展提供了数据基础。

表5-1 调研区域样本基本特征

地区	样本数/户	有效样本数/户	样本有效率/%	户均土地规模/亩	块均规模/亩	地块与家庭距离/米	亩均租金/元
永川区	129	125	96.89	6.77	1.11	950.86	201.24
忠县	137	137	100.00	8.36	0.74	1055.19	43.27
酉阳县	128	118	92.18	7.60	0.85	1322.12	65.31
合计	394	380	96.45	7.58	0.90	1109.39	141.78

二、研究方法

(一)变量说明

因变量:是否"零租金"转出土地。当转出地块未获得租金时,即"零租金"转出地块为1,反之则为0。值得说明的是,由于农户转入土地的来源较为复杂,包括开荒地和村集体自留地等,这些地块多数尚未支付租金,无法反映交易双方的流转行为,因而本研究仅选择转出地块样本进行分析。

解释变量:土地流转中的交易费用。借鉴已有研究,交易费用包括事前、事中和事后三类:①事前交易费用(TC_1)体现在土地流转交易前,交易主体搜寻潜在交易对象和流转信息等耗费的成本,实证发现土地流转中介组织能够有效降低事前交易费用(冀县卿等,2015)。调查问卷中涉及"获取土地流转信息的途径?"答案包括"1.自主寻找;2.替人代耕;3.服务经纪人;4.村集体;5.其他途径",这里把3和4看作有流转中介组织,而1、2和5看作无流转中介组织,事前交易费用采用是否有流转中介组织来度量,存在中介组织$TC_1=1$,反之$TC_1=0$。②事中交易费用(TC_2)体现在流转过程中讨价还价等谈判成本,交易双方可能因未达成交易意向而相互扯皮等,此时土地流转中第三方协调机构的介入有助于降低此类交易费用。调查问卷中涉及"土地流转中有没有第三方介入?"答案包括"1.没有经过村组同意,通过双方私下协商解决;2.没有经过村组同意;3.经村组同意,由中介协调;4.其他途径",这里把3看作有第三方协调机构,而1、2和4看作无第三方协调机构,事中交易费用采用土地流转中是否有第三方机构来度量,存在第三方协调结构TC$_2$=1,反之TC$_2$=0。③事后交易费用(TC$_3$)体现在解决后期流转纠纷和约束交易双方的违约行为,降低后期不确定性的发生概率(冀县卿等,2015)。问卷中涉及"土地流转是否签订书面合同?"答案包括"1.口头约定;2.正式书面合同",事后交易费用采用是否签订书面合同来度量,当双方签订书面合同时TC$_3$=1,反之TC$_3$=0。

控制变量:地块特征包括土地质量等级、灌溉条件、地块坡度和地块与家庭住宅距离等。其中土地质量等级分为四类,最高等级=4,依次递减,最低=1;灌溉条件分为三类,仅可雨养=3,沟渠灌溉=2,可抽灌=1;地块坡度分为地块平缓=1,依次递增,地块坡度最大=3;地块与家庭住宅距离为两者之间的实测距离;易受灾赋值为1,反之为0。户主特征包括户主年龄、受教育水平和健康状况,其中,户主年龄指户主的实际年龄;受教育水平分为四类,文盲=1,小学=2,初中=3,高中及以上学历=4;户主健康状况为最差=1,一般=2,良好=3。家庭特征包括有效劳动力数量、固定资产与牲畜价值、耕地收益水平等,固定资产与牲畜价值包括家庭农机具价值和在养的牲畜价值总和,其中农机具包括拖拉机、机械用犁、水泵、喷雾器、微耕机和其他设备等,牲畜包括牛、公猪、母猪、羊、鸡鸭鹅和其他牲畜,所有的价值均按照当年市场价格进行折算。家庭土地细碎化程度(Xie and Lu,2017)采用辛普森指数度量,其计算公式为:

$$SI = 1 - \frac{\sum_{i=1}^{n} a_i^2}{\left(\sum_{i=1}^{n} a_i^2\right)^2},$$

其中,SI 为辛普森指数,表示各家庭的土地细碎化程度,当 SI=0 时,表明该农业仅有一块地,土地细碎化程度最轻;当 SI=1 时,表明土地细碎化程度十分严重;a_i 为农户第 i 块地块面积;n 为总地块数。区位特征则为地区虚拟变量,以控制各地区不可观测的因素,如气候和市场环境等。控制变量的作用是在保持地块、户主和家庭等特征不变的情况下,揭示交易费用对土地是否零租金流转的影响程度。

表 5-2 变量的统计性描述

	变量	单位	平均值	标准差	最小值	最大值	样本数
	是否"零租金"转出(是=1)	—	0.74	0.43	0	1	697
	亩均耕地获得租金	元	141.78	370.71	0.00	2920	697
交易费用	是否存在流转中介组织/TC_1(是=1)	—	0.25	0.44	0	1	697
	是否存在第三方协调结构/TC_2(是=1)	—	0.23	0.43	0	1	697
	是否签订书面合同/TC_3(是=1)	—	0.29	0.45	0	1	697
地块特征	地块质量等级	—	3.26	0.75	1.00	4.00	697
	地块与公路的距离	千米	1.11	3.21	0.10	15	697
	是否为水田	—	0.60	0.49	0.00	1.00	697
	灌溉条件	—	2.72	0.68	1.00	3.00	697
	地块坡度	—	1.21	0.44	1.00	3.00	697
	地块受灾风险	%	17.00	38.00	0.00	100	697
户主特征	户主年龄	岁	52.73	11.67	15.00	85	380
	户主教育程度	—	1.40	0.67	0.00	4.00	380
	户主健康状况	—	1.13	0.43	0.00	3.00	380
家庭特征	有效劳动力数量	个	0.98	0.80	0.00	4.00	380
	辛普森指数	—	0.59	0.20	0.00	0.88	380
	农机器具总价值	元	268.01	997.60	0.00	10000	380
	非农收入占比	%	87	29	0.00	100	380

注:—表示无。

表 5-2 呈现了变量的统计性描述。首先,调研区以"零租金"流转的地块比例高达 74%,亩均耕地流转租金为 141.78 元。其次,存在流转中介组织、存在第三方协调结构和签订书面合同的流转地块比例分别为 25%、23% 和 29%。再次,从地块特征来看,参与流转的地块质量等级整体较高,与家庭平均距离为 1.11 千米,多数地块为水田或易于灌溉,且坡度较低,可以说参与流转的地块自然条件普遍较好。最后,从户主和家庭特征来看,户主平均年龄约为 52.73 岁,家庭有效劳动力为 0.98 个,非农收入占比约 87%;家庭耕地的辛普森指数为 0.59,表明家庭土地细碎化程度较为严重。

(二)模型设置

本研究的因变量为该地块是否以"零租金"形式转出,因变量取值分别为 0 或 1;当地块"零租金"转出时,因变量赋值为 1,反之则为 0,故采用 Logit 模型进行模拟。计量模型设置如下：

$$P_{ij} = E(Y = 1|Y_{ij}) = 1/(1 + e^{-Y_{ij}}) \quad (5-1)$$

$$Y_{ij} = C + \beta_k \sum_{1}^{n} TC_k + \alpha_1 X1_{ij} + \alpha_2 X2_{ij} + \alpha_3 X3_{ij} + \alpha_4 V_j + \varepsilon_{ij} \quad (5-2)$$

公式中 P_{ij} 表示 j 村第 i 块地块以"零租金"转出的概率；$E(Y=1|Y_{ij})$ 表示给定 Y_{ij} 值地块以"零租金"形式被转出的概率；TC_k 表示在土地流转中面临的交易费用，$n=3$ 表示包括三类交易费用，即事前、事中和事后交易费用；$X1_{ij}$ 表示地块特征，比如地块质量、规模和灌溉条件等；$X2_{ij}$ 表示户主特征，比如户主年龄和教育水平等；$X3_{ij}$ 表示家庭特征，比如劳动力数量和农机器具数量等；V_j 表示村庄与区域特征；ε_{ij} 为随机干扰项，其余均为待估参数。

表5-3呈现了三类交易费用与"零租金"转出土地的关系。以事前交易费用为例，当存在流转中介组织参与土地流转时，以"零租金"形式转出的地块占比为12.46%，相反不存在流转中介组织参与的比例为90.54%；与此同时，对于事中交易费用和事后交易费用也存在类似的结论，存在第三方协调机构或者签订书面合同时，"零租金"转出地块的比例均大幅降低，说明交易费用的降低能够有效降低土地"零租金"流转的比例。

表5-3 交易费用与"零租金"转出土地之间的关系

分类		"零租金"转出土地比例/%	Difference	t值	P值
事前交易费用	不存在流转中介组织	90.54	78.08***	102.95	0.000
	存在流转中介组织	12.46			
事中交易费用	不存在第三方协调机构	91.17	73.04***	47.78	0.000
	存在第三方协调机构	18.13			
事后交易费用	口头约定或未签订合同	88.23	72.38***	41.93	0.000
	签订书面合同	15.85			

注：***在1%显著水平上显著。

第四节 交易费用对土地流转的影响

一、土地流转中交易费用的规模

表5-4呈现了土地流转过程中的交易费用规模。结果显示,从交易费用的货币化形式来看,在转入土地的过程中,农户除了支付租金外,每亩土地还需要额外花费交易费用约158.05元。以2013—2017年亩均土地流转租金(554.91元)计算,亩均土地流转的交易费用占亩均流转租金的28.48%。从交易费用的时间化形式来看,在转入土地的过程中,农户除了支付租金外,每亩土地还需要花费大约1.32个月的时间完成土地流转交易。总体而言,当前中国农村土地流转过程中存在过高的交易费用,完成亩均土地流转交易费,平均需要花费158.05元或者1.32个月。

表5-4 土地流转过程中的交易费用

变量	平均值	标准差	最小值	最大值	样本量
交易费用/(元/亩)	158.05	2142.06	0	40000	6812
交易费用/(月/亩)	1.32	0.94	1	6	4081

注:浙江大学中国家庭追踪调查中涉及土地流转过程中交易费用的问题:"除了支付租金外,您为土地流转还花费了多少钱?"和"除了支付租金外,您为土地流转花费了多少时间(月)?"

二、土地"零租金"形式流转规模

表5-5呈现了按农户数量计算的转出耕地获得租金的统计情况。结果显示,在已转出耕地的2593户农户家庭中,其中1585户未收取土地租金,占比为61.13%,即"零租金"转出土地的占比为61.13%,亩均租金介于0～500元、500～1000元、1000～2000元,以及大于2000元的农户占比分别为9.99%、5.67%、4.63%和18.58%。表5-6呈现了转入耕地支付租金的统计情况,统计显示,在已转入耕地的4493户农户家庭中,其中1431户未支付租金,占比为31.85%,亩均租金介于0～500元的农户占比为39.77%,而亩均租金大于2000元

的占比仅为2.63%。整体上看,当前全国土地流转过程中存在大量"零租金"流转土地的行为,"零租金"流转的比例介于2/5~3/5之间。

表5-5 转出耕地获得租金的统计(按农户数量统计)

亩均耕地租金	农户数量/户	总数量/户	占比/%
"零租金"流转	1585	2593	61.13
0~500元	259	2593	9.99
500~1000元	147	2593	5.67
1000~2000元	120	2593	4.63
大于2000元	482	2593	18.58

表5-6 转入耕地支付租金的统计(按农户数量统计)

亩均耕地租金	农户数量/户	总数量/户	占比/%
"零租金"流转	1431	4493	31.85
0~500元	1787	4493	39.77
500~1000元	861	4493	19.16
1000~2000元	296	4493	6.59
大于2000元	118	4493	2.63

表5-7呈现了典型案例区基于地块统计的转出耕地获得租金的情况。整体上看,未获得租金的地块为548块,占比为78.62%,即"零租金"转出地块的比例为78.62%,21.38%的地块在转出过程中获得了租金。其中13.77%的地块亩均租金小于500元,仅有3.30%的地块亩均租金超过1000元。具体到各个区县,永川区"零租金"转出耕地的比例最低,约为56.38%,远低于忠县和酉阳县的93.59%和85.55%。研究表明,典型案例区的土地"零租金"流转现象十分普遍,且呈现明显的区域异质性,即经济发展水平高且海拔低的区域"零租金"占比较低,而海拔高且又不适合种植经济作物的耕地,其"零租金"流转比例更高。

表5-7 典型案例区转出地块获得租金的统计(按地块数量统计)

分区	户数/户	转出地块数量/块	"零租金"流转 地块数/块	比例/%	租金介于0~500/(元/亩) 地块数/块	比例/%	租金介于500~1000/(元/亩) 地块数/块	比例/%	租金大于1000/(元/亩) 地块数/块	比例/%
永川区	125	243	137	56.38	71	29.22	19	7.82	16	6.58
忠县	137	281	263	93.59	11	3.91	5	1.78	2	0.71
酉阳县	118	173	148	85.55	14	8.09	6	3.47	5	2.89
合计	380	697	548	78.62	96	13.77	30	4.30	23	3.30

表5-8呈现了典型案例区转出耕地的去向统计。结果显示,大约44%和32%的地块转给了亲人和熟人,大约23%的地块转给了公司或者种植大户。具体到各个区县,永川区、忠县和酉阳县转出亲人和熟人的地块比例分别为46.09%、93.95%和86.70%。典型案例区转给亲人或熟人的现象尤为突出,部分地区甚至超过90%,这些地块多以"零租金"形式转出。

表5-8 典型案例区转出耕地的去向统计

分区	户数	转出地块数量	转出给亲人 地块数/块	转出给亲人 比例/%	转出给熟人 地块数/块	转出给熟人 比例/%	转出给村集体 地块数/块	转出给村集体 比例/%	转出给公司或大户 地块数/块	转出给公司或大户 比例/%
永川区	125	243	60	24.69	52	21.40	10	4.12	121	49.79
忠县	137	281	159	56.58	105	37.37	1	0.36	16	5.69
酉阳县	118	173	86	49.71	64	36.99	2	1.16	21	12.14
合计	380	697	305	43.76	221	31.71	13	1.87	158	22.67

为了检验土地"零租金"流转规模的准确性,本研究借鉴中国家庭收入调查数据(Chip2013)(http://www.ciidbnu.org/chip/index.asp)来验证土地"零租金"流转的规模。表5-9呈现了全国14个省(市)农户转出土地(按转出面积统计)获得租金的统计情况。结果显示,全国整体上38.75%耕地以"零租金"的形式被转出,该比例与前文的分析结果较为接近(2/5～3/5)。其中部分省(市)的比例较高,比如山西省和重庆市"零租金"转出的比例分别为70.41%和71.67%,该比例与前文重庆市三个典型案例区(表5-7)的结论同样较为接近。通过中国家庭追踪调查、中国家庭收入调查和典型案例区调查等资料,可以发现当前土地"零租金"流转的比例较高,全国整体的比例介于2/5～3/5,丘陵山区更高,甚至高达90%。

表5-9 中国家庭收入调查中农户转出土地获得租金的情况(按面积统计,单位:%)

省/市	"零租金"流转	有租金转给农户	有租金转给大户	有租金转给公司
安徽省	18.39	40.23	33.11	8.25
北京市	10.05	38.43	0.00	51.51
甘肃省	23.06	67.48	5.22	4.24
广东省	40.41	46.53	10.99	2.06
河南省	8.67	42.85	41.37	7.09
湖北省	38.97	37.54	18.68	4.78
湖南省	52.34	33.71	12.61	1.33

续表

省/市	"零租金"流转	有租金转给农户	有租金转给大户	有租金转给公司
江苏省	8.74	38.00	36.49	16.76
辽宁省	27.00	50.53	22.46	0.00
山东省	24.85	56.22	7.32	11.58
山西省	70.41	19.33	7.66	2.58
四川省	32.17	38.16	19.99	9.66
云南省	28.39	59.76	11.64	0.20
重庆市	71.67	17.25	8.55	2.49
全国整体	38.75	49.69	8.86	2.70

注：数据来自中国家庭收入调查项目第五轮全国范围调查(Chip2013),样本覆盖全国14个省(市)126个城市234个县区抽选出18948个住户,包括7175户城镇住户、11013户农村住户和760户外来务工住户,并经作者整理所得。

三、交易费用对土地流转的影响

在进行Logit模型模拟之前,需要对变量进行多重共线性检验。本研究采用方差膨胀因子(VIF)检验,单变量的VIF最大值为3.05,整体平均值为1.62,远小于临界阈值10,变量之间不存在严重的共线性问题。表5-10呈现了交易费用对是否"零租金"转出地块影响的模拟结果。模型1、模型2、模型3均为纳入交易费用对是否"零租金"转出地块的影响结果,结果显示,三类交易费用的存在均显著降低了"零租金"转出地块的概率。是否存在流转中介组织、是否存在第三方协调机构和是否签订书面合同的系数均在1%显著性水平上为负,三者系数依次为-0.398、-0.903和-0.082,即当土地流转市场中存在中介组织、第三方协调机构和签订书面合同时,均能显著降低"零租金"转出土地的发生率。总体来看,土地流转中较低的交易费用能够在一定程度上降低"零租金"转出地块的概率。

对控制变量的模拟结果考察。这里仅以模型3为例进行分析,从地块层面上看,转出地块面积的系数为-0.383,在1%水平上显著为负,即当转出地块面积增加一个标准差时,"零租金"转出土地的概率下降38.3%;地块质量等级的系数为-0.098,在5%的水平上显著为负,说明地块质量等级越高,土地"零租金"流转的概率越低;地块灌溉条件在10%的水平上显著为负,同样说明地块灌溉条件越良好,"零租金"转出地块的概率越低。以上地块特征表明,地块规模越大、质量等级越高和灌溉条件越优质的地块，能够在一定程度上显著降低土地"零租金"流转的概率。与此同时，在山区耕地畸零狭小不能机械化耕地无法实现规模经营，必然存在大量弃耕现象，即土地"零租金"流转的一种极端现象。表5-11呈现了撂荒地块和流转地块的特征，两者存在显著的差异。结果显示，撂荒地块的面积更小，平均每块地的面积为0.804亩，与家庭之间的距离更远，大约1.537千米，并且土地质量等级较低。

综上可见，山区土地边际化导致耕地的地租下降是土地"零租金"流转的重要原因，与此同时，土地流转市场的不完善和无效率导致的交易费用偏高则是山区土地"零租金"流转比例偏高的重要原因之一。

表5-10 交易费用对是否"零租金"转出耕地的影响

变量		模型1 回归系数	模型1 t值	模型2 回归系数	模型2 t值	模型3 回归系数	模型3 t值
交易费用	是否存在流转中介组织	−0.398***	−5.87				
	是否存在第三方协调机构			−0.903***	−3.17		
	是否签订书面合同					−0.082***	−3.83
地块特征	转出地块面积	−0.547***	−9.15	−0.381***	−9.02	−0.383***	−10.49
	地块是否为水田	−0.051	−0.60	−0.017	−0.21	−0.001	−0.02
	地块质量等级	−0.025	−1.49	−0.084*	−1.68	−0.098**	−2.09
	灌溉条件	−0.156***	−2.68	−0.078*	−1.69	−0.061*	−1.75
	地块坡度	0.436***	4.84	0.421***	4.71	0.204**	2.56
	地块受灾比例	−0.128	−1.21	−0.101	−0.97	−0.044	−0.48
	地块与家庭距离	0.005	0.45	0.026**	2.02	0.012	1.05
家庭特征	土地细碎化程度	0.272	1.52	0.174	0.94	0.145	0.89
	家庭有效劳动力数量			−0.025	−0.44	0.011	0.20
区域哑变量		Yes		Yes		Yes	
样本量		697		697		697	
Pseudo R^2		0.824		0.452		0.542	

注：*、**、***分别在10%、5%及1%显著水平下显著；括号内为t统计量；转出地块中，548块为"零租金"，占78.62%；模型1、模型2、模型3中均纳入了户主健康、户主教育水平等户主特征变量，以及家庭金融约束、非农收入占比和当地耕地经营收益等家庭特征变量，但考虑到这些变量在模型中不显著，同时剔除这些变量对其他变量并无较大影响，限于篇幅并未报告。

表 5-11 撂荒地块与流转地块的特征比较

地块特征	撂荒土地($N=919$)	流转土地($N=639$)	差异	t值	p值
地块面积/亩	0.804	0.894	-0.09	-2.57**	0.005
与家庭距离/千米	1.537	0.592	0.95	13.48***	0.000
土地质量等级	2.585	1.728	0.86	18.30***	0.000

注:土地质量等级分为5类,即一等、二等、三等、四等和五等及其他,一等地为最优。

为了系统性降低土地流转过程中的交易费用,本研究进一步对土地流转过程中农户的服务诉求进行了调查,图5-4呈现了土地流转中农户的服务诉求统计情况。结果显示,提供流转交易信息、提供流转政策宣传、提供流转租金评估、提供法律咨询,以及协调和规范合同签订的诉求排在前五位,占比分别达到23.28%、24.39%、20.04%、11.51%和9.90%;此外,监督流转行为和调解土地纠纷的诉求相对较低,占比分别为4.39%和3.67%。

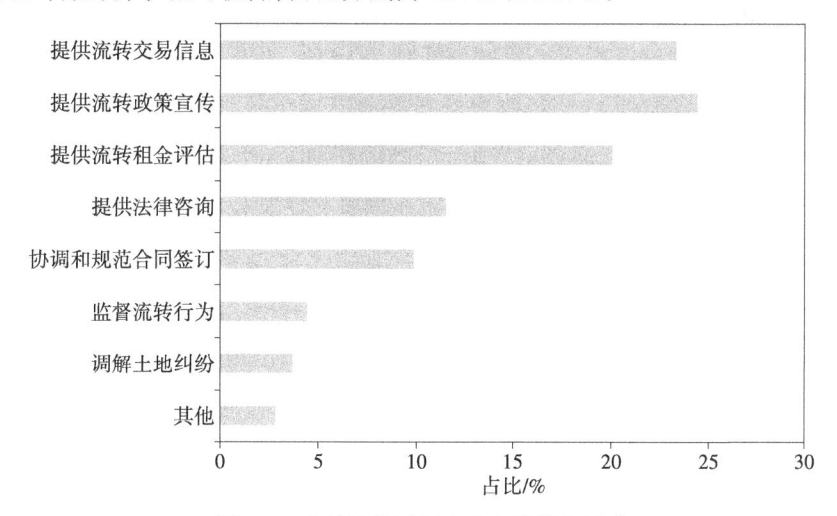

图5-4 土地流转过程中农户的服务诉求

第五节 本章小结

本章的目的在于揭示当前中国土地流转过程中的交易费用规模、"零租金"规模,以及评估交易费用对土地流转的影响,并给出土地"零租金"流转现象的一种解释。结论如下:

当前中国农村土地流转过程中存在较高的交易费用,以货币计算,亩均土地流转的交易费用为158.05元,占亩均土地流转租金的28.48%;以时间计算,亩均土地流转花费大约1.32个月。相对应的是,中国农村土地流转中存在大量"零租金"流转的行为,"零租金"流转的比例介于2/5～3/5之间;丘陵山区土地"零租金"流转的比例更高,部分典型山区甚至高达90%,多数流转给了亲人或熟人耕种。理论推断,山区土地流转中的交易成本偏高是导致土地"零租金"流转的重要原因;基于地块尺度的调研数据实证表明,土地流转过程中的事前、事中和事后交易费用的降低均能在$p<0.001$水平上显著降低土地零租金流转的发生率。

中国现行的土地制度使得参与双方在土地流转过程中面临较高的交易成本,造成土地流转和农业规模化经营难以实现。已有报道显示,目前全国仅有1%农户的耕地面积大于50亩,80%以上农户的耕地面积不足10亩。2015年,每个家庭农场平均经营的地块数为34块,要形成一个适度规模的家庭农场,平均需要与近47个小农户进行土地流转交易。中国科学院"新时期国民营养与粮食安全战略研究"项目组的调研显示,山东省每个规模户平均需要与59个小农户进行租地交易,而完成这些交易需要半年以上的时间。而且这些规模户平均耕地面积仅为128亩,不及规模户预期值的一半,多数规模户仍有扩大耕地面积的意愿。而在安徽,一个家庭农场甚至需要与接近1000个农户进行土地流转交易。可以推断,丘陵山区的情况可能更加严重。

随着非农雇工工资持续上涨,受地形等因素限制,机械等省工性技术在山区无法普及,农户耕地面临着弃耕撂荒的风险,还存在着大量"零租金"流转行为(邵景安等,2015;Zhang et al.,2016)。基于全国142个山区县的耕地撂荒抽样调查显示,78.3%的村庄出现耕地撂荒现象(李升发等,2017;Li et al.,2018);基于县样本的统计显示,2014—2015年全国山区耕地撂荒率达到14.3%(Li et al.,2018)。目前,山区土地"零租金"流转的比例已接近80%(Wang et al.,2018),说明山区耕地的潜在利用价值下降严重。可以说,山区土地边际化导致的地租快速下降是耕地"零租金"流转或撂荒的根源,而乡村的"空心化""原子化",以及土地流转市场不健全则是土地"零租金"流转或撂荒的重要推动力。随着乡村劳动力的大量析出,山区聚落越分散、村集体组织的瘫痪和解体,土地流转中面临的交易成本必然不断提高,耕地"零租金"

流转或撂荒等形式的耕地资产"贬值"会更加突出。在此背景下,如何有效地降低土地流转过程中的交易成本以提高耕地资源的配置效率,是关系乡村振兴和实现农业现代化的关键所在。

农地制度的改革应努力降低土地流转过程中交易双方所面临的各类交易成本。政府应做的是加快山区农地确权工作,调研区域的农地确权工作尚未开展,应尽快开展和完成农地确权工作,保障地权稳定性,降低流转双方因事后交易费用偏高而降低双方的租金收益。建立和完善山区县以乡镇为网络节点、低成本的农地流转服务中介,定期发布土地流转有关信息,同时建立土地流转纠纷协调机制,降低流转过程中的事前和事中交易费用。统计显示,截至2015年,中国乡镇土地流转服务中介接近20000个,其中西部地区和丘陵山区的服务中介数量远远少于东部、中部及平原地区,土地流转中介的引进在一定程度上完善了土地流转市场,降低参与双方的交易成本。引导土地流转双方签订具有法律效力的书面流转合同,如合同中应写清土地承包经营权的流转期限、租金、支付方法和后期纠纷解决方式等,降低合同履约成本。

第六章　不同区域农户耕地资产价值演变机理

第一节　问题提出

自20世纪90年代中后期,中国城镇化和工业化步入快速发展阶段,大量的乡村劳动力流向城镇从事非农就业。统计显示,1995—2020年,农村常住人口由8.59亿减少至5.46亿,年均减少超过1200万(图6-1)。土地是人类活动的载体,城镇化进程中的劳动力迁移造成的各种社会经济问题均可以在土地利用上得以反映(龙花楼,2012;Zhou et al.,2020)。大规模的乡村劳动力迁移改变了不同时点、不同地域系统上的人口分布格局和土地利用方式与强度(张佰林等,2018;杨欣怡等,2020),出现诸如城市郊区土地集约化利用(吕晓等,2022)、平原地区水稻"双改单"和种植速生林(王佳月和辛良杰,2016;蒋敏等,2019),以及山区耕地弃耕撂荒等现象(Li et al.,2018;Wang et al.,2020),以上现象均改变了当地农户家庭耕地的资产价值。

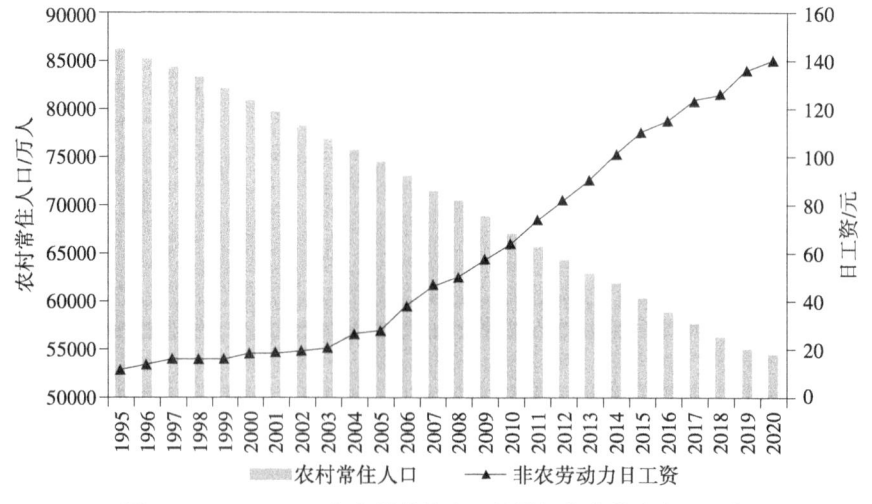

图6-1　1995—2020年乡村常住人口数量与非农劳动力日工资

在这个过程中，土地利用方式和利用强度变化最具典型性和代表性的应该是平原地区和丘陵山区。在平原地区，农业劳动力的流失推动了省工性要素替代发展，推动平原地区耕地机械化、规模化经营，在规模化和农户对耕地租金"非理性"预期下，耕地租金不断上涨，土地成本占农业经营成本的比重增加，超过粮食种植所能承担的合理水平，导致土地的过度资本化，农户倾向于将耕地进行"非粮化"利用，以获得更高的经济收益，一定程度上威胁了中国的粮食安全（仝世文等，2018）。与之相反，丘陵山区由于地块破碎，无法使用省工性要素替代"高昂"的劳动力，农业经营成本居高不下，使得农户收益下降，农民偏向于选择外出打工，将自家的耕地"零租金"转出，随着劳动力成本的增长，"零租金"流转的耕地也无人耕种（Wang et al., 2019），大面积耕地弃耕，出现了耕地资产"贬值"的现象。

随着城镇化和工业化的进一步推进，大量乡村劳动力还会持续流向城镇地区，不同地域系统上农户家庭的耕地资产价值必然会持续分化。在这种背景下，有必要系统揭示近年来不同地区农户家庭耕地资产价值分化的程度，以及不同地域系统农户家庭耕地资产价值的演化规律，以期为不同地区耕地资源有效配置与利用、农户生计提升、区域差别化的耕地保护提供实证依据与政策参考。

有鉴于此，本章选择全国最具典型性和代表性的平原和丘陵山区作为研究对象，其中湖北省监利县和洪湖市作为平原地区的代表，重庆市武隆区和酉阳县作为山区的代表，采用参与式农村评估法，收集有效农户问卷211份，利用成本收益等方法揭示不同地区农户家庭耕地资产价值的演化规律，以及农户家庭耕地资产价值变化的背后机制，为不同地区耕地资源利用与保护提供实证参考。

第二节　概念辨析

一、耕地过度资本化

由于中国农村土地产权制度和土地资本化的复杂性，土地资本化仍未形成统一概念。部分学者将其定义为产权拥有者将土地以出租或股份等方式获取一定报酬的过程。农户实际拥有的土地产权是一种不完整的产权,耕地的用途在法律法规层面上是受到约束的,不得随意改变耕地的性质和农业用途,耕地只能进行种植农作物。21世纪以来,土地资本化成为农村土地改革发展的方向之一。随着研究的深化,学界对土地资本化概念的认知逐渐清晰,部分学者强调土地资本化是一种经济行为。不同学者对土地资本化的形式进行分类,即股份、租赁、抵押和买卖四种形式。

随着各种形式的农村土地资本化在全国范围内快速推进,农村土地过度资本化的现象也逐渐显现(程建等,2022;梁妍婷,2022)。全世文等(2018)根据马克思绝对地租理论分析了农村土地过度资本化的原因,认为农村土地的"非粮化"需求和投资性需求是土地过度资本化的内生动力。学者对北京郑各庄村实地调查发现,政府主导的土地国有化和农民自主的宅基地商品化两种农地资本化存在显著差异,后者将土地极差收益留在村庄,更有利于村庄改造和产业发展,从而推进农村的工业化和城镇化,突出农民在城镇化中的主体地位(蒋省三和刘守英,2003)。

基于此,本章将耕地过度资本化定义为"农村土地过度资本化",即指农村土地资源脱离了粮食生产用途的资本化过程。土地过度资本化在经济上的表现形式就是土地租金显著超过了农业生产或粮食生产所能承担的合理的地租水平。

二、耕地资产"贬值"

土地具有资源和资产的双重属性,土地的资产属性强调土地的经济价值,除了农村土地基于实物形态,农户将耕地作为生产资料使用,开展农业活动,间接实现土地资产的经济价值以外,更重要的是强调农村土地基于权利形态。农民或其他权利主体通过产权交易市场将土地资产的全部或部分产权进行交易,直接实现土地资产的经济价值。而近年来,由于山区农民务农机会成本不断上升,大量山区耕地距离较远、地块破碎和地力较低,人们生产和交易意愿低下,山区出现大量的耕地撂荒和"零租金"流转现象,导致山区耕地无法实现其经济价值,最终造成山区整体耕地经济价值的降低,出现耕地资产"贬值"。

耕地边际化是山区一种典型的土地利用现象，厘清其表现特征及机理对实现土地资本增值和乡村振兴具有重要价值（刘成武和李秀彬，2006；张英等，2014）。农村土地市场化程度偏低，一般采用耕地收益或流转租金来衡量耕地资产价值的地区，多集中在东部沿海、中西部生态脆弱和部分山区，如江苏南部、湖南、甘肃，以及重庆等。基于2012和2018年重庆典型山区901份农户问卷及农产品成本收益资料，研究揭示了耕地资产价值的演变特征，并构建了Probit模型识别其驱动因素与发生机理，并得出耕地资产"贬值"的机理是农村的发展城镇化推高了劳动力成本，农业利润不断下降甚至亏本，耕地资产出现"贬值"（王亚辉等，2019）。此外，还有学者构建了农户种粮行为决策的分析框架，基于对江苏省621户粮食种植户的调研数据，运用多值选择模型等方法，考察耕地租金变动对粮食种植规模和种植结构的影响，得到耕地租金上涨导致粮食作物播种面积下降的概率升高，其中农户在粮食生产中的固定资产投资水平对该影响存在负向调节作用（刘余和周应恒，2021）。

基于此，本章将耕地资产"贬值"定义为耕地经济价值的下降，或者耕地经营收益的下降甚至亏本。耕地资产"贬值"是土地边际化的表现特征，一些学者用耕地净收益下降和耕地流转价格走低来反映耕地资产价值下降，也有学者以耕地"零租金"流转作为耕地资产"贬值"的间接测度。

第三节 数据与方法

一、研究区概况

本部分选取湖北省和重庆市作为典型案例区。对于平原地区，本章选择湖北省荆州市监利县和洪湖市作为代表，两地均以平原为主，属于亚热带湿润季风气候，其中洪湖市地处湖北省中南部，江汉平原东南端处于长湖、三湖、白露湖和洪湖诸水汇聚之处，海拔介于23~28米之间，平均坡度约为0.3%。辖区面积2519平方千米，2019年人均GDP为37946元。监利县与洪湖市相接，位于江汉平原南端、洞庭湖北面，南临长江，海拔在23.5~30.5米之间,高差仅为7米,地势平坦,是典型的平原地区,辖区面积3460平方千米,2019年人均GDP 30545元,素有"全国产粮大县""湖北粮食第一县"和"全国水稻第一县"的美誉。2016年,监利粮食种植面积279万亩,全年农产品加工业总产值达294.2亿元,两地均承担着粮油生产重任并且荆州全市家庭承包耕地流转面积548.62万亩,其中流转用于种植粮食作物的耕地面积273.85万亩,土地流转较为活跃,能够代表平原地区耕地资产情况。对于山区,本章选取重庆市武隆区和酉阳县作为典型代表区。武隆区位于重庆市东南边缘,在武陵山与大娄山接合部,属于中国南方喀斯特高原丘陵山区,辖区面积2901平方千米,海拔介于202~2033米之间。酉阳县地处武陵山区,辖区内地形起伏较大,地貌分为中山区,海拔约800~1895米,低山区海拔约600~800米,槽谷和平坝海拔约260~600米,属于重庆市"渝东南生态保护发展区",经济发展处于中下等水平。两区县均以山地为主,劳动力流出比例较高,同时土地流转较为活跃,能够代表丘陵山区的特征。

二、数据来源

数据来源于2018年中国科学院和西南大学课题组对湖北省监利县和洪湖市,以及重庆市武隆区和酉阳县开展的农户调查。首先,根据湖北省各区县的经济发展水平,地理区位及地形地貌等综合因素选取两个典型平原地区,即监利县和洪湖市;其次,根据各乡镇农业发展水平和土地经营情况,从中选择2个乡镇,其中监利县包括黄歇口镇和毛市镇,洪湖市包括沙口镇和汊河镇;再次,依据村庄居民收入水平,从每个乡镇内选取2个典型自然村,共计8个村;最后,在每个村内随机抽取10~20户农户家庭,采用参与式农村评估法进行入户调查。以同样的方式在重庆市武隆区和酉阳县开展调查。每份问卷大约用时1~1.5小时,经过整理共计获得211份有效问卷,其中平原区为86份,山区为125份,调查问卷包含了人口学特征、农业经营、土地流转(规模、方式与租金等)、地块特征、耕地经营的投入产出情况(包括作物类型、产量、物质投入费用等)信息,调查的211户家庭共涉及农业种植面积2624.12亩。经过整理以上调查问卷,本研究建立了平原与山区农产品成本收益数据库,即用于测算亩均耕地净收益。

表6-1 典型案例区调研村样本统计

省(市)	区(县)	调研村	农户 数量/户	农户 占比/%	地块 数量/户	地块 占比/%
湖北省	监利县和洪湖市	玉石村、群力村、黄家村和黄歇村左张村、崔沟村、双河村和太洪村	86	40.75	107	44.40
重庆市	武隆区和酉阳县	顺水村、南泥村、中鱼村和石龙村堰田村、郭家村、高堤村和新田村	125	59.25	134	55.60
合计			211	100	241	100

三、研究方法

(一)耕地过度资本化的测度

从经济学角度来讲,资产是指特定经济主体所拥有或控制的、能够给其带来经济利益的经济资源,包括具有一定经济价值的实物资产和无形权利,耕地兼有资源与资产的双重属性。据此,本研究将耕地资产定义为农民或其他权利主体实际拥有或控制的,能够为其带来一定经济收益的农村土地实物或土地权利。资产属性强调土地的经济价值,除了农村土地基于实物形态,农户将耕地作为生产资料使用,开展农业活动,间接实现土地资产的经济价值以外,更重要的是强调农村土地基于权利形态,农民或其他权利主体通过产权交易市场将土地资产的全部或部分产权进行交易,直接实现土地资产的经济价值。由于中国农村没有形成开放的土地交易市场,有学者指出耕地收益和租金可以间接反映两种权利形态下的耕地资产价值,故本书将耕地净收益、耕地流转租金作为量化耕地资产价值的指标。结合前文对耕地过度资本化的定义,判断农村土地是否存在过度资本化的标准就是土地租金是否明显超出了土地用于农业生产或粮食生产的合理水平。于是本研究将用耕地净收益、耕地流转租金,以及土地成本在农业生产的总成本中所占比重这三个指标来测度耕地过度资本化的程度。

(1)耕地净收益的核算。耕地净收益是指单位面积耕地总收益剔除劳动力、物质和服务土地租金等直接费用及固定资产折旧、保险费等间接费用。

借助农户家庭生产经营情况调查整理的农产品成本收益数据,核算调研区域单耕地面积净收益,计算公式如下:

$$R = PQ - I_l - I_s - I_p - I_m - I_i - I_o - I_{la} \quad (6-1)$$

式中,R 表示每公顷耕地净收益;Q 和 P 分别表示单位面积农作物产量和农产品单价;I_l 表示单位面积人工成本,包括家庭用工折价和雇工费用,通过给雇工发放工资情况来反推雇工工价,单位面积劳动用工数等于各类劳动用工折算成中等劳动力的总劳动小时数除以 8 小时,然后求出单位面积总劳动力成本;I_i、I_s、I_p、I_m 和 I_i 分别表示种苗、农药、化肥、机械和灌溉等物质成本,均按农户实际投入的货币量折算;I_{la} 表示土地成本,取值为典型案例区土地流转价格的平均值;I_o 表示其他间接费用,包括修理费用、固定资产折旧和保险费用。以上成本数据来自调研数据和全国农产品成本收益资料汇编。此外,本研究还核算了典型案例区单位面积耕地的加权净收益,公式如下:

$$S = W_1 S_1 + W_2 S_2 + W_3 S_3 + W_4 S_4 \cdots\cdots W_n S_n \quad (6-2)$$

式中,W_i 为第 i 种农作物在调研区内的播种面积占比,S_i 为第 i 种农作物单位面积的净收益。

(2)耕地流转租金。2008 年 10 月 20 日,中共十七届三中全会通过的《关于推进农村改革发展若干重大问题的决定》明确提出:"加强土地承包经营权流转管理和服务,建立健全土地承包经营权流转市场,按照依法自愿有偿原则,允许农民以转包、出租、互换、转让、股份合作等形式流转土地承包经营权,发展多种形式的适度规模经营"[1]。此后,中央颁布了一系列政策法律,完善土地流转制度。2014 年出台的《关于引导农村土地经营权有序流转发展农业适度规模经营的意见》强调:"坚持农村土地集体所有的基础上,实现土地所有权、承包权和经营权三权分置,引导土地经营权有序流转"[2]。可见,中国土地流转市场很早已经形成,土地经营权流转租金可以较好地反映土地资产价值的高低,故耕地流转租金可以作为耕地资产价值的另一量化指标。

(3)土地成本在总成本中所占比重。农业生产的总成本是指生产过程中耗费的现金、实物、劳动力和土地等所有资源的成本。具体由生产成本和土

---

[1] 《关于推进农村改革发展若干重大问题的决定》,(2008-10-20)[2023-07-04],https://epaper.gmw.cn/gmrb/html/2008-10/20/nw.D110000gmrb_20081020_1-01.htm.

[2] 《关于引导农村土地经营权有序流转发展农业适度规模经营的意见》,(2014-11-20)[2023-07-04],http://www.cnnclm.com/tudiliuzhuan/2717.html.

地成本构成,生产成本包括为生产该产品投入的各项资金(即将种苗、农药、化肥、机械和灌溉等按农户实际投入的货币量折算)和劳动力的成本。土地成本也可称为地租,本研究将土地成本统一为当地当年耕地流转价格的平均值。

(二)耕地资产"贬值"的测度

依据前文的定义,耕地资产由耕地作为生产资料投入到农业生产中所产生获得收益体现的间接经济价值和耕地基于权利形态,通过产权交易市场实现的直接经济价值两部分构成。耕地撂荒使得耕地作为生产资料的间接经济价值没有体现,山区出现的土地"零租金"流转使得耕地基于权利形态的直接经济价值无法显现。所以出现耕地资产"贬值",故本研究将用耕地撂荒的规模和"零租金"流转的规模对耕地资产"贬值"的程度进行测度。

(1)耕地撂荒规模的测度。耕地撂荒是指在目前耕地性质不变的前提下,耕地所有者受政治、自然、社会、经济等多要素的影响,使耕地荒芜一年或一年以上的现象。耕地撂荒使得土地以实物形态,作为生产要素投入农业生产中产生的间接经济价值没有体现,所以将耕地撂荒规模作为耕地资产贬值的测度之一,并且用调研村所调查地块的撂荒面积与耕地面积比值表示。

(2)耕地"零租金"流转的规模测度。当耕作成本上升,交易费用持续升高直至土地流转租金被压缩至零时,农户则倾向于零租金转出土地。此时土地基于权利形态,农民或其他权利主体通过产权交易市场将土地资产的全部或部分产权进行交易,而产生的直接经济价值不能体现。所以将耕地"零租金"流转规模作为耕地资产贬值的测度之一。本研究将用调研村流转耕地中,"零租金"流转面积与耕地流转总面积的占比来表示。

第四节 农户耕地资产价值变化特征

一、平原地区过度资本化

依据农户家庭生产经营的估算,研究发现平原地区亩均耕地的加权净收益为145.61元,只有水稻、莲蓬和棉花存在正向收益,其中莲蓬和棉花属于经济作物,其余主粮作物多种处于亏损状态。

图 6-2 呈现了 2005—2020 年平原地区亩均耕地流转租金。2005—2020 年，平原地区的土地流转租金呈上升趋势，拟合曲线 $y= -0.912x^3 + 23.858x^2 - 101.56x + 282.95$，$R^2=0.9826$。统计显示，研究区亩均耕地租金从初期的 156.97 元上涨至末期的 1049.10 元，上涨了 5.68 倍。具体时段来看，2005—2010 年，耕地租金上升幅度较为缓慢，从亩均 156.97 元升至 303.08 元；2010—2015 年，耕地租金上升幅度最大，从亩均 303.08 元升至 913.77 元，上升了 2.02 倍；2015—2020 年，耕地租金上升较为缓慢，且处于较为稳定的状态。

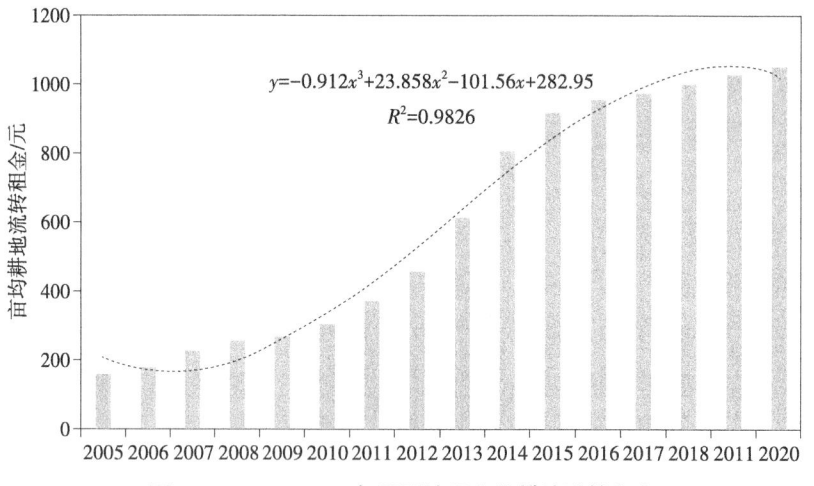

图 6-2　2005—2020 年平原地区亩均耕地流转租金

图 6-4 呈现了 2005—2020 年平原地区亩均土地成本、总成本，以及土地成本占比。结果显示，亩均土地成本和亩均总成本均呈现上升趋势，其中亩均土地成本从初期的 67.43 元持续上升至 459.21 元，上升幅度达到 5.81 倍；与此同时，亩均总成本则从初期的 493.07 元上升至末期的 1210.21 元，上升幅度达到 1.45 倍，但上升幅度远小于亩均土地成本的上升幅度。与之相对应的是，平原地区亩均土地成本占总成本的比例由初期的 13.68% 一直上升至末期的 37.94%，尤其是在 2005—2011 年间，土地成本占总成本的比例上升幅度较快。2011—2013 年，土地成本占比虽然有所下降，但该比例一直高于 28%；2013 年以后，该比例开始不断上升，一直升至 2020 年的 37.94%。结果表明，当前平原地区土地成本呈现持续上升趋势，且土地成本占比偏高，甚至土地成本（土地流转租金）的实际水平已经大幅超过了粮食生产所能承担的合理水平，一些粮食作物甚至出现了亏损现象。

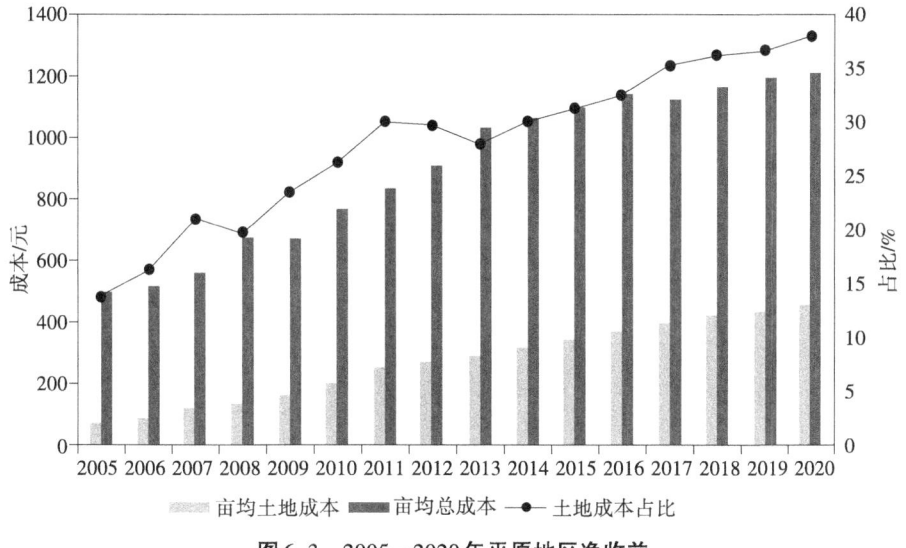

图6-3 2005—2020年平原地区净收益

从平原地区粮食生产的净收益来看,我们通过《全国农产品成本收益资料汇编》统计出平原区主要粮食作物小麦的成本收益情况,可以看出2012年以来,随着农业劳动力价格快速上升,我国农业生产中的资本投入结构趋向于增加省工性投入,尤其是机械投入,2012年至2018年期间,机械作业费的增长率最高,为30%,种子费也增长了21.6%,而农药费和排灌费分别增长了19.7%和1%,而原来的省工性投入畜力逐渐被机械所取代,减幅60.2%,由于省工性投入的增加,中国三种主粮的亩均用工天数不断减少,由2012年的6.1天减少到2018年的4.5天,减幅26.2%。因此,尽管农业劳动力价格在此期间明显上升,但中国种植业劳动力成本占总成本的比重并没有明显变动,大都在48%左右徘徊。从农业生产的净收益来看,平原地区主要粮食作物的净收益自2011年来呈下降趋势,种地收益不断萎缩。

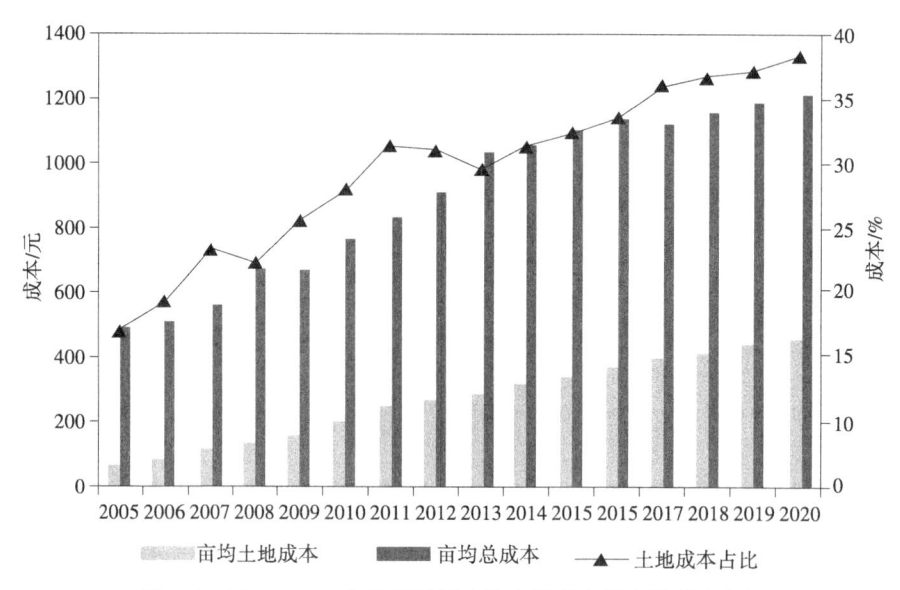

图 6-4　2005—2020 年平原地区亩均土地成本及土地成本占比

综上，平原地区耕地流转租金持续上升，对于转入户而言，耕地租金实际上是粮食生产的土地成本，造成粮食生产中土地成本上升，土地成本在总成本中的比例整体呈上升趋势且一直高于全国平均水平，这就反映出平原地区出现耕地过度资本化。

二、山区耕地资产"贬值"

表 6-2 呈现了典型案例区 2012 和 2018 年耕地流转租金的统计情况。结果显示，从耕地"零租金"流转的规模看，2012 年"零租金"流转地块面积占总流转地块面积的比例为 71.12%，而 2018 年以"零租金"形式转出的耕地面积占比达 82.22%，上升了 11.1 个百分点。

表 6-2　典型案例区耕地流转租金的统计情况

耕地租金	2012年		2018年	
	地块面积/亩	占比/%	地块面积/亩	占比/%
"零租金"流转	483.15	71.12	231	82.22
0—100元	100.8	14.72	34.95	12.46
100—500元	64.95	9.42	12	4.27
大于500元	30.45	4.77	3	1.06

图 6-5 呈现了 2012 和 2018 年武隆区和酉阳县农户耕地撂荒发生率。就武

隆区而言,发生耕地撂荒的农户比重从2012年的57.1%上升到2018年的73.6%;与此同时,酉阳县的比重则相应从2012年的81.7%升至2018年的90.5%,该比重远高于武隆区。从区域整体上看,农户耕地撂荒发生率从64.9%上升到81.2%,即截至2018年研究区超过80%的农户已经发生过耕地撂荒现象。

图6-6呈现了2012年和2018年武隆区和酉阳县耕地面积撂荒率。2012年,两个区(县)的耕地面积撂荒率均相对较低,分别为14.14%和28.77%;2018年,两地的耕地撂荒率均呈现明显上升趋势,分别达到23.62%和30.69%。从两个区(县)整体上看,耕地撂荒率从21.57%升至27.19%,即案例区在2018年超过1/4的耕地面积处于撂荒的状态。

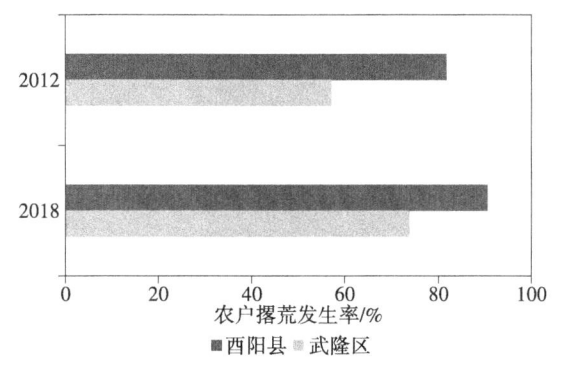

图6-5 典型案例区农户耕地撂荒发生率

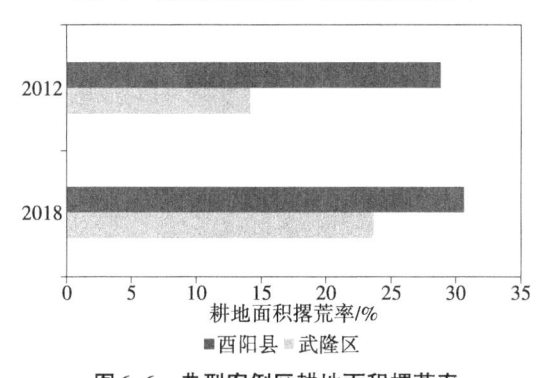

图6-6 典型案例区耕地面积撂荒率

由此可见,山区耕地价格急剧下降,土地"零租金"流转比例在迅速增加,耕地撂荒比例大,山区出现耕地资产"贬值"的现象,并且规模在不断扩大。相比于平原农户对农业劳动力价格上涨的响应行为,在农业劳动力大量析出,农村劳动力价格上升和农业机械化受阻的共同作用下,中国山区耕地利用边际化特征和现象愈演愈烈,出现耕地粗放化经营、"零租金"流转和耕地闲置抛荒等现象。

第五节　农户耕地资产价值变化机理

图6-7呈现了不同地区农户家庭耕地资产价值变化的驱动机理。随着城镇化、工业化的快速推进，城市对劳动力的需求增大，非农劳动力价格快速上升，促使大量的乡村劳动力流向城市，转为从事工业、服务业等非农行业，造成农业劳动力流失。根据诱致性技术变迁理论，当要素价格发生相对变化时，农户作为理性的生产决策者会倾向于使用相对便宜的、数量多的要素，减少或不使用相对昂贵的、稀缺的要素，进而引发要素替代。于是面对劳动力成本上升，农户就会减少劳动力的投入，转而增加其他相较便宜的要素的投入，如用化肥、省工性机械等代替高昂的劳动力，在削弱劳动力成本对农业生产利润的侵蚀，减少生产成本的同时，也弥补了农业劳动力存量不足的短板。但是中国地形复杂多样，不同的地区要素替代的可行性和替代程度不同，所以对城镇化带来的劳动力外流、劳动力成本上升的响应存在区域异质性，特别是平原和山区存在较大差异。

平原地区地势平坦，农村劳动力转移促进了农业机械化的使用，省工性机械弥补了劳动力不足。但只有实现规模化经营，机械化农业才能充分发挥出优势。随着土地规模经营的发展，在农民对耕地租金的非理性预期下，土地租金占农业生产成本的比重显著上升。2008—2017年平原地区3种主粮的亩均流转租金由151元增至619元，增长了约3倍；全国性的家庭农场监测数据显示，2014年平均67.4%的家庭农场土地来自转入土地，转入土地租金占总生产成本的比重达到30%。由此可见，耕地租金连续增高，地租成本显化进一步抬高了农业生产成本，土地流转的租金超过了土地用于粮食生产的合理水平，所以出现了平原地区耕地过度资本化的问题。耕地过度资本化使农民收益减少，种粮户放弃种植收益低的粮食而转为利润更高的经济作物，这在一定程度上导致了耕地"非粮化"，势必对农业规模经营稳定性尤其是粮食生产带来严峻挑战。

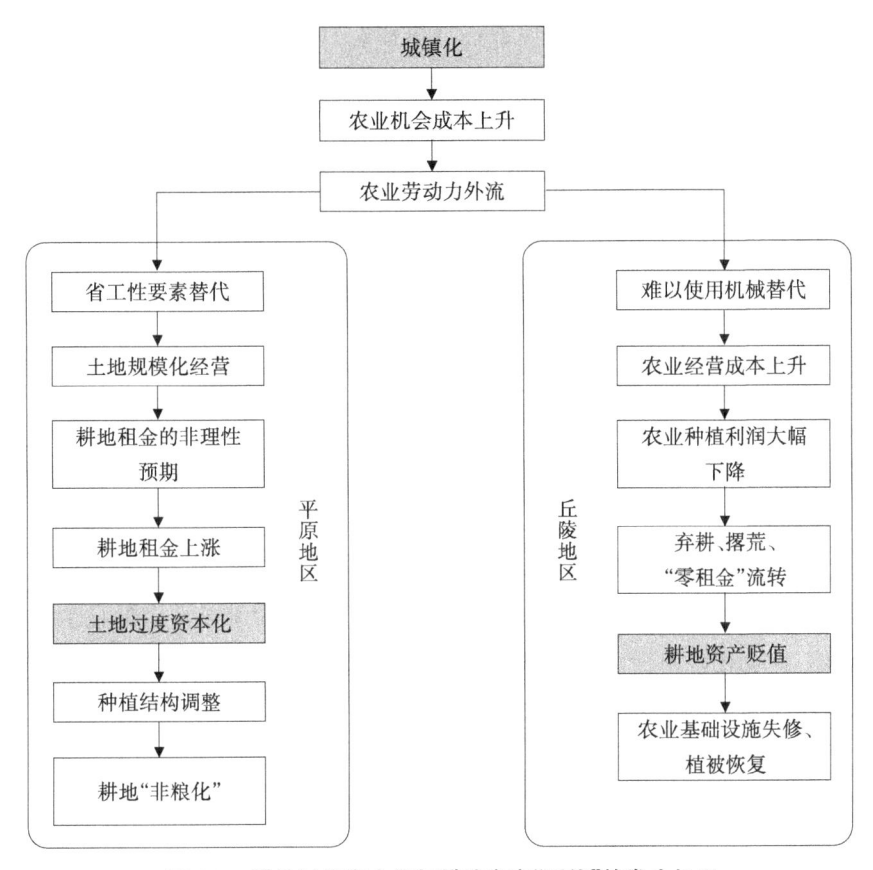

```
              ┌──────────┐
              │  城镇化   │
              └────┬─────┘
                   ↓
           ┌──────────────┐
           │农业机会成本上升│
           └──────┬───────┘
                  ↓
           ┌──────────────┐
           │ 农业劳动力外流 │
           └──┬────────┬──┘
              ↓        ↓
   平原地区              丘陵地区
```

图6-7 耕地过度资本化与耕地资产"贬值"的发生机理

反观山区地区，农户为了实现增收，一方面调整农作物种植结构，减少劳动密集型农作物的种植面积，增加劳动力节约型农作物的种植面积，但受制于山区自然条件，劳动节约型农作物的面积很难大规模增加；另一方面，采用省工性要素替代价格"高涨"的农业劳动力，比如增加机械化作业程度，因地形问题导致耕地较零散，土地地块较小，地块之间有很多田间小径，即使两地间相邻，也存在一定的高度差，而且耕地形状不规则，不适宜一般的机械耕作。并且，目前适宜中国山区农业的小型机械较少，同时山区信息闭塞，山区农户对机械耕作的认知不够，经济发展落后，山区农户对农业机械的购买力不足，山区农业机械投入很难显著增加，劳动力投入很难显著减少，在农业劳动力居高不下的情况下，那些劣质地块的经营利润必然快速下降，农户优先考虑零租金流转或闲置。随着地块的闲置，山区生态环境得到恢复，野生动物活动频繁，破坏田间作物，进一步降低了相邻地块的利润，同时也导致了农田公共设施维修成本的上升,农业公共设施服务水平下降,提高了农业经营成本,进一步降低了其余地块的利润。未撂荒地块的产量不断下降,而成本却不断上涨,耕地资产也不断"贬值"甚至亏本,农户经营意愿下降,最终以"零租金"形式转出,甚至扩大耕地抛荒规模。

第六节　本章小结

随着城镇化的持续推进,农业劳动力析出,不同地域上的土地利用方式发生了显著变化,典型表现在平原与山区。研究选取江汉平原的监利县、洪湖市作为平原区代表,重庆市武隆区与酉阳县作为山区代表,通过参与式农村访谈,收集有效农户问卷211份。研究发现:平原和山区的耕地资产呈现出不同的特征,2020年平原的土地成本在粮食生产亩均总成本中的比值高达37.94%,耕地流转租金已经超过了粮食生产所能承担的合理水平,而山区存在大量土地"零租金"流转和撂荒等现象。

2012年以来,平原地区土地成本占粮食生产总成本的比重不断上升,呈现出耕地过度资本化;山区耕地"零租金"流转和撂荒现象日益突出,出现了耕地资产"贬值";耕地过度资本化与"贬值"的根源在于城镇化,劳动力成本不断攀升,平原可以采用机械化替代,实现规模化经营,耕地流转租金不断上涨;而山区无法实现机械化替代,农业经营成本持续上涨,导致了山区耕地边际化、"零租金"、撂荒等耕地资产"贬值";耕地过度资本化与耕地"贬值"对粮食安全和农户生计可持续产生威胁,政府应采取适当措施,应对由此带来的一系列问题。

(1)针对平原地区耕地过度资本化,政府应完善土地流转制度,搭建土地流转平台,规范土地交易市场。探索并鼓励耕地的经营权以多种形式交易,降低农户的交易成本;推动形成市场化土地流转价格形成机制。目前农地流转市场在权衡承包户收益和规模经营主体收益时出现了偏差,过分注重保护土地承包户的财产性收益,出台了诸如最低流转价格等标准,但忽视了对粮食规模经营主体的支持;实行精准补贴,将农业支持保护补贴向粮食等重要农产品及其主产区倾斜;谁种田谁得到补助,避免补贴流向承包者而非真正经营者。按实际粮食播种面积或产量对生产者进行补贴,提高补贴的精准性、指向性,使补贴真正流向种粮农户、大户和合作社;加强监管运用现代信息技术,搭建现代化智能监管平台,实施可视化监测监管,搭建相应的部门协同监管体系,严格监控耕地与基本农田面积,严禁违规占用耕地。如宁夏回族自治区自然资源厅探索运用信息化技术手段,构建全区耕地保护监测监管系统,改变了过去传统单一的耕地保护监管模式,从虚拟量管理向实物量管理转变。并在耕地保护智能化监管平台建立的基础上建立全流程的监管制度体系。从耕地变化图斑监测到举证、处置,明确省、市、县各级主管部门工作内容和监管职责,形成三级联动监管的耕地保护合力。

(2)为应对山区地区耕地资产"贬值",对于土地质量和灌溉条件较差,距居民点较远的耕地,可以顺应耕地边际化现象,遵循生态优先,实施退耕还林还草措施,服务于生态环境建设;对于灌溉条件良好,土地质量高的耕地,可以考虑种植"经果林","经果林"作为重要的水土资源开发性治理措施之一,不仅保水保土保肥能力强,生态效益明显,而且经营周期短、经济效益好,增加农民收入,维护农民生计;开展土地整治工程,对有条件利用的耕地,进行基础设施建设,进行宜机化改造,同时推广小型农机的使用,对使用农机耕作的给予一定的财政补助;同时出台边际地区的农业补助或扶持政策,早在20世纪70年代,法国就本国偏远山区的耕地撂荒出台了一系列的农业发展政策,即欧盟农业发展政策,该政策通过财政支援,增强落后地区的农业发展能力和竞争能力,刺激农户继续耕作耕地。在该政策支持力度较大的国家,成效较为显著;积极鼓励土地流转,耕地零碎、分散是导致耕地边际化的原因之一,政府引导农户自下而上地开展土地互换并块,小块并大块,进行一块田改革,实现一户一块田,有效解决当下农村土地零碎化的问题,有助于进行规模化生产,同时能够带来巨大的经济效益和社会效益。

(3)从区域协调发展的视角来看,区别对待农地"非粮化",平原地区土质肥沃,农业基础设施好,适合发展机械化农业,生产效率高,所以在平原地区严格种植粮食作物,以保障国人的粮食安全。对规模经营的种粮大户,按种粮面积给予补贴;而山区地区,地块细碎且地块间有高差,农业基础设施差,不适合机械化耕作,只能靠人力,种植粮食作物成本过高,农户收益低,可以适当放宽政策,不过分地追求"粮地粮用",允许山区耕地因地制宜,种植经济效益高的经济作物,实在无法耕种的地块退耕还林。山地地区坚持生态优先发展,平原地区的耕地保障粮食安全,两个地形区的土地充分合理利用,粮食安全有保障,生态环境有改善,实现区域协调发展。

第七章 土地规模对农业经营成本的影响

第一节 问题提出

中国粮食生产发生明显转型,实现了粮食连年增产,但仍存在"五高二低"的现象,即高产量、高库存、高进口、高价格、高成本、低消费量和低销售量。其中农业生产过程中的高成本问题是当前农业生产效率低下和其他"四高"的重要原因。上一章研究表明,2005—2020年,平原地区亩均主粮生产总成本从493.07元增加至2020年的1210.21元,增幅接近1.50倍,而同期粮食单价上涨幅度有限,高额的农业经营成本已严重降低了农业经营收益。同样,依据全国农产品成本收益资料汇编统计,2000—2015年,小麦、水稻和玉米三大主粮的亩均收益从232.47元降至161.55元,降幅达30.50%;同期山区的亩均收益则从176.42元下降到41.35元,亩均降幅接近76.56%(Wang et al.,2020)。在此背景下,节约农业生产成本、提高农业生产效益,以及有效增加农民的收入成为当前实现农业现代化亟待解决的课题。

土地流转和适度规模经营是发展现代农业和实现农业现代化的必由之路。整理发现,2013—2022年的中央1号文件均提出"发展多种形式的适度规模经营",并要求多部门扶持农业适度规模经营的金融和财政等政策。2022年12月,中央农村工作会议更是强调:"要发展适度规模经营,支持发展家庭农场、农民合作社等新型经营主体,加快健全农业社会化服务体系,把小农户服务好、带动好。"由此可见,国家已从顶层设计层面对农业适度规模化经营进行了引导性发展。

然而,现行的家庭联产承包责任制使得农户拥有承包经营权的耕地规模较小且分布在多块地块上(卢华和胡浩,2015)。根据农村固定观察点数据库的统计显示,农村家庭户均拥有耕地7.14亩,户均地块数量为4.23块。已有报道指出,在生产力水平低下和农村劳动力过密的背景下,耕地规模偏小和地块细碎对农业经营未产生明显的负面影响,甚至有分散农业风险和充分利用劳动力的作用,但是随着劳动力成本持续上涨和省工性技术的普及,耕地规模偏小和地块细碎限制了机械等省工性技术的使用,增加劳动力在地块之间的通勤时间,无疑增加了农业经营成本(许庆等,2008)。通过全国2万户的农村家庭调查与研究发现,中国农业经营规模过小、耕地"碎片化"是单位面积化学品施用量居高不下的重要因素,户均耕地面积每增加1%,单位面积化肥和农药施用量分别下降0.3%和0.5%。值得关注的是,地形复杂和地理要素相互叠加的山区面临的问题可能更加突出(祖健等,2016)。因而,当前亟待揭示典型区域农户耕地经营规模对农业生产经营成本的影响,对降低农业生产成本具有指导意义,同时加深对山区农业发展落后和农民增收困难的认识。

有鉴于此,本章基于重庆市武隆区、巫山县和酉阳县的1015份农户家庭实地调研数据,首先构建了土地规模影响农业经营成本的理论框架,其次基于计量经济学模型评估土地规模大小对单位面积生产成本(总成本和各单项成本)的影响程度,以期为降低山区农业经营成本提供实证参考。

第二节 土地规模影响农业经营成本的理论框架

现实调研与已有研究均表明,家庭耕地规模对农业经营成本的影响存在明显的非线性关系,或者说存在典型的"U"型关系(图7-1),即当农户家庭的耕地规模较小时,单位面积农业经营成本较高;当农户家庭的耕地规模不断扩大时,单位面积农业经营成本不断降低;但当农户家庭的耕地规模超过一定门槛阈值,扩大耕地面积,单位面积农业经营成本开始不断上升(Wang et al.,2020b)。土地规模与农业生产成本的变化大致分为三个阶段,具体如下:

第一阶段,即农户耕地规模较小的阶段,由于家庭的耕地分布在多个地块上,农户可以根据地块空间分布的特征适当安排多元化种植,能够分散单一地块经营带来的风险,同时还可以平滑劳动力季节性供给不足等问题,充分利用劳动力和土地资源,提高土地生产效率(李功奎和钟甫宁,2006;许庆等,2008)。在农村劳动力过剩和非农工资偏低的背景下,耕地空间分布特征充分解决了农村劳动力的就业问题,实现了劳动力要素对资本和土地两种要素的有效替代。但是,地块的空间破碎和分割增加了来往于地块之间的劳动用工,折算成劳动力市场价格即劳动力成本的上升;同时生产要素在地块之间的运输势必造成资源的不必要浪费,比如种子撒漏、化肥蒸发等。此外,地块面积偏小无法容纳机械工作,地块空间分割耗费机械调转方向的时间,降低机械作业效率,减弱机械等省工性要素对劳动力的替代作用。因而,该阶段单位面积农业生产成本较高。

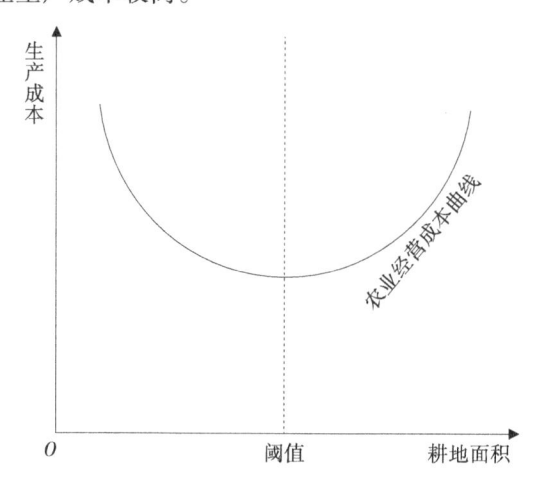

图7-1 土地规模与亩均农业经营成本之间的"U"型关系

第二阶段,即农户家庭达到适度规模经营阶段,该阶段农户通过土地流转等方式提高了农业经营规模,此时家庭农业经营规模与家庭农业生产经营能力实现了耦合协调,农户能够充分发挥自身农业工具、机械等生产性要素的规模优势,使得家庭农业生产中的各种生产要素实现最优化配比,达到了农业生产的最优"适度"经营规模。此阶段,单位面积农业经营成本达到最低。

第三阶段,即农户耕地经营规模超过了最优适度规模经营点,该阶段农户为了进一步扩大生产规模,需要租用甚至购买更多的生产资料。尤其需要雇佣更多农业劳动力,但由于农业监工的困难,使得农业劳动力投入过度,但没有产生实质性的效益,反而增加了农业经营成本。现实调研发现,多数农场主或农业公司(企业)反映,当农业经营达到一定规模后,农业生产效益便开始下降,究其根源是其背后的农业生产成本快速上升,比如农业劳动力成本等。当家庭耕地规模超过一定门槛阈值时,必然存在农业经营成本的急剧上升。

为了验证土地规模与农业经营成本之间的"U"型理论推断,本章基于典型案例区的农户实地调研数据,采用计量经济学模型对上述的"U"型关系进行实证检验,以期指导当前中国农业适度经营规模的确定。

第三节 数据与方法

一、数据来源

本章选取重庆市作为研究对象,重庆市地处四川盆地东部,以丘陵山区为主。按照辖区经济发展水平和山区海拔特征选取三个具有代表性的山区县,即武隆区、巫山县和酉阳县,其中武隆区位于长江上游地区,重庆东南部,属于中国南方喀斯特高原丘陵山区,处于渝黔两省交界处;巫山县位于重庆市东北部,三峡库区腹心,境内相对高差较大,分为平坝、丘陵、低山和中山四种地貌类型;酉阳县位于重庆市东南部,地处武陵山区,境内山地特征显著,地形起伏较大。此外,巫山县和酉阳县分别位于渝东北和渝东南地区。三个调研县均以农业为主,能够作为山区农业的典型代表。

数据来自2014年7—8月中国科学院和西南大学"城市化对山区生态压力的影响"项目组开展的农户家庭调查。农户家庭调查采用分层抽样与随机抽样相结合的方式,具体步骤如下:首先,根据重庆市各县区的经济发展水平和高程选取三个典型山区区县(武隆区、巫山县和酉阳县);其次,根据每个乡镇的农业经营状况和山地面积占比从每个区县内选取2个乡镇;再次,按照村庄居民收入水平在每个乡镇内选取2个典型村庄,共计12个村;最后,从每个村庄内随机选取约20%的农户进行调研,调研方法采用参与式农村评估法中的半结构式访谈,户主为主要被访谈人,其他家庭成员辅以回答,每份问卷耗时2~3个小时。经过整理,共计获得1015份有效问卷,其中武隆区、巫山县和酉阳县分别为317份、374份和324份,共涉及地块数量为9192块(表7-1)。住户问卷囊括了家庭基本情况、成员就业信息、土地经营情况、地块层面投入产出和家庭收支情况等。重要的是,土地经营情况中涵盖了农户家庭总地块数量、耕地经营面积、地块与家庭距离、地块质量、灌溉条件和是否流转等信息,地块投入产出涵盖了每个地块的劳动力、化肥、种子、农药和机械等生产要素的投入和农作物产出,这些变量为本研究的顺利开展提供了支撑。

表7-1 典型案例区农户调研样本分布

区县	乡镇	村庄	农户 数量/户	农户 占比/%	地块 数量/户	地块 占比/%
武隆区	白马镇、长坝镇	车盘村、东升村、鹅冠村、前进村	317	31.23	3771	41.02
巫山县	龙溪镇、福田镇	老鸦村、莲花村、双河村、双塘村	374	36.85	3329	36.22
酉阳县	木叶乡、毛坝乡	大板营村、梨耳村、双龙村、天仓村	324	31.92	2092	22.76
总述			1015	100	9192	100

二、模型构建

为了评估农户家庭耕地规模对农业经营成本的影响,本章拟采用半对数计量经济模型进行模拟分析,其中农业经营成本包括单位面积总成本、劳动力成本、种子成本、化肥成本和其他成本。详细的计量经济模型设置如下:

$$Ln(CP_i) = \beta_0 + \beta_1 AREA_i + \beta_2 AREA_i^2 + \beta_3 PLOT_i + \beta_4 FAMILY_i + \varepsilon_i \quad (7-1)$$

其中,上式选取半对数经济计量模型,被解释变量取自然对数;CP_i表示标准化单位产量的生产成本,包括单产总成本和各单项成本,具体包括亩均劳动力成本、种子成本、化肥成本,以及其他成本;$AREA_i$表示第i户家庭总耕地面积,$AREA_i^2$表示农户耕地总耕地面积的平方项;$PLOT_i$表示地块层面特征变量,比如地块灌溉条件、地块微地貌类型、地块质量等级,以及地块细碎化程度等;$FAMILY_i$表示户主特征和家庭特征,比如户主年龄、受教育水平、劳动力数量、家庭固定资产等;ε_i表示模型的干扰项;β_i表示各变量的评估系数。

内生性问题的分析与处理。内生性问题是指因遗漏变量、模型设置不当等原因导致的估计结果存在偏差,本章在模型设定中可能存在两类内生性问题。其一是遗漏变量导致的内生性问题,模型中囊括了地块、户主和家庭等多层面的因素变量,因而可以忽略因遗漏变量导致的内生性问题。其二是耕地规模与农业成本之间的双向因果关系,也就是说农户可以通过土地流转等方式改变家庭经营规模以降低农业生产成本,相反农户为了降低农业经营成本可能会转入耕地扩大经营规模。由于土地流转市场的存在,故无法准确评估家庭耕地规模对农业经营成本的影响(Demetriou et al.,2013)。为了解决此问题,本章剔除了参与土地流转的农户,共计65户,涉及地块数量745块。最终获得有效问卷为950份,涉及地块数量为8447块。

三、变量构造

被解释变量:单位产量生产成本,包括单位产量的总成本和各单项成本,单项成本包括劳动力成本(自投工费用折算和雇工费用之和)、种子成本、化肥成本(包括化学肥料和有机肥料等),以及其他成本(包括机械、灌溉和地膜等费用等)。

解释变量:农户耕地规模(AREA),家庭总承包地面积,是本章研究的核心变量,重点关注耕地规模与农业经营各项成本的关系。地块特征(PLOT),包括地块质量等级、灌溉条件、微地貌类型,以及耕地细碎化程度。其中地块质量等级分五类,最高等级=5,二等=4,三等=3,四等=2,最差=1;土地灌溉条件分为两类,可抽水灌溉为1,仅可雨养灌溉为0;微地貌类型分两类,平坝赋值为1,低山、中山及浅丘为0。耕地细碎化程度采用辛普森指数进行测度。辛普森指数从家庭耕地的面积的大小和地块的多少来进行测度,其计算公式如下:

$$SI = 1 - \sum_{i=1}^{n} a_i^2 \bigg/ (\sum_{i=1}^{n} a_i)^2 \qquad (7-2)$$

式中,si表示辛普森指数,测度农户耕地的权属细碎程度;当SI=0时,表明农户只有一块地,耕地细碎程度最轻;SI=1时,表明农户耕地细碎十分严重,SI越大说明农户耕地细碎程度越严重。a_i表示农户第i块地块面积;n表示总地块数量。家庭特征(FAMILY),包括户主年龄、户主健康状况、受教育水平和是否受过农业技术培训;其中户主健康状况分四个等级,良好=4,依次递减,最差=1;户主受教育程度分五个等级,文盲为0年,小学为6年,初中为9年,高中为12年,大专及以上为15年;户主受过农业技术培训赋值为1,反之为0。此外,家庭特征还包括家庭劳动力数量、是否获得金融支持,以及家庭固定资产总额等,其中家庭劳动力指介于16~65岁且未在校读书成员。

表7-2呈现了各类变量的基本统计性描述情况。统计显示,每吨农作物的折算成本为784.55元,其中劳动力成本为458.24元,占总成本的58.41%;种子成本为104.64元,占比为13.34%;化肥成本为145.97元,占总成本18.61%。由此可见,劳动力成本占比接近总成本的3/5(58.41%),化肥成本占比也接近1/5,这些表明中国典型山区农业已进入高成本阶段。此外,我们还可以发现,户均耕地经营规模为6.19亩;辛普森指数为0.71,远大于平原或其他国家的0.47~0.57(wang et al.,2020b),说明山区耕地细碎程度较严重;户主平均年龄为54.95岁等。

表7-2 变量的统计性描述

	变量	平均值	标准差	最小值	最大值	样本量
被解释变量	总成本/(元/吨)	784.55	622.22	64.2	6498.81	950
	劳动力成本/(元/吨)	458.24	408.59	22.93	4252.63	950
	种子成本/(元/吨)	104.64	254.61	2.2	5062.67	950
	化肥成本/(元/吨)	145.97	121.74	0.2	2010	950
	其他成本/(元/吨)	75.7	206.3	0	3198	950
解释变量	耕地经营规模/亩	6.19	4.92	0.08	33.4	950
	地块特征					
	地块灌溉条件(—)	0.47	0.5	0	1	8447
	地块微地貌类型(—)	0.28	0.45	0	1	8447
	地块质量等级(—)	3.41	0.76	1	5	8447
	辛普森指数(—)	0.71	0.18	0	0.97	950
户主特征	户主年龄/岁	54.95	12.18	19	84	950
	户主健康状况(—)	3.31	0.81	1	4	950
	户主受教育程度(—)	5.83	2.98	0	15	950
	是否参与农业培训(—)	0.22	0.42	0	1	950

续表

变量		平均值	标准差	最小值	最大值	样本量
家庭特征	家庭劳动力数量(—)	3.09	1.18	0	7	950
	是否获得金融支持(—)	0.35	0.48	0	1	950
	家庭固定资产总额(元)	4628.58	13152.82	10	167480	950

注:总成本包括劳动力、种子、化肥和其他成本;劳动力包括家庭劳动和雇佣劳动,具体细分为翻土、育苗、播种、插秧、施底肥、追肥、除草、中耕、收割、脱粒、晾晒及秸秆处理用工等。种子单价按照当年市场价进行折算,玉米14元/斤、水稻25元/斤、薯类0.7元/斤、土豆0.6元/斤、棉花9元/斤、大豆2.74元/斤、花生4.6元/斤、油菜23元/斤、中药材23元/斤。化肥包括化学肥料和有机肥,根据当年市场上的销售价进行调整,复合肥为1元/斤、高效复合肥1.5元/斤、磷肥0.5元/斤、氮肥0.45元/斤、尿素1.25元/斤;有机肥料中清粪为20元/吨、干粪0.35元/斤。

第四节 土地规模对农业经营成本的影响

一、土地规模与农业经营成本的关系

表7-3呈现了典型案例区户均耕地规模、户均地块数量、块均耕地规模、地块与家庭的距离特征。统计发现,武隆区、巫山县和酉阳县的户均耕地规模分别为8.54、4.24和6.01亩,三个地区的户均耕地地块数量分别为11.41、8.83和6.41块,同时块均耕地面积分别为1.03、0.47和0.98亩,而地块与家庭距离则分别为400.23、382.17和434.62米。由此可见,典型案例区的农户耕地呈现出"户均耕地规模小、户均地块数量多且地块与家庭距离近"的空间分布格局。除了从农户层面考察耕地规模外,这里还针对8447块耕地地块面积和地块与家庭的距离进行统计。按照地块面积统计,面积小于1亩的地块为7206块,占总地块数量的85%,而地块面积大于3亩的为156块,不及总地块数量的2%。耕地地块规模偏小是山区农户耕地最典型的特征。按照地块与家庭距离统计,距离小于500米的地块数量为6297块,约占总地块的75%,而距离超过1000米的为528块,不及总地块数量的7%。综上可知,无论是基于

农户层面还是地块层面的统计,结果均表明典型案例区农户耕地规模较小且细碎化程度较高。

表7-3 典型案例区农户家庭耕地经营规模

区(县)	村庄	户均耕地规模/亩 均值	户均耕地规模/亩 方差	户均地块数/块 均值	户均地块数/块 方差	块均耕地规模/亩 均值	块均耕地规模/亩 方差	与家庭距离/m 均值	与家庭距离/m 方差
武隆区	车盘村	7.77	6.14	3.28	1.88	2.10	2.01	339.86	401.08
	东升村	9.59	4.50	13.83	5.61	0.73	0.64	455.13	412.22
	鹅冠村	8.60	3.50	14.36	5.72	0.65	0.52	323.01	325.73
	前进村	8.18	5.64	14.16	6.46	0.63	0.55	450.65	461.92
巫山县	老鸦村	5.19	2.79	9.58	4.49	0.55	0.36	267.86	232.94
	莲花村	2.25	1.60	6.18	2.57	0.38	0.32	492.19	482.65
	双河村	5.96	3.08	11.91	6.41	0.51	0.46	444.94	469.71
	双塘村	3.54	2.01	7.62	3.16	0.45	0.27	371.13	343.38
酉阳县	大板营村	4.25	3.39	7.96	4.19	0.53	0.56	552.90	407.34
	梨耳村	7.53	5.31	6.03	2.78	1.30	1.26	534.81	506.59
	双龙村	8.11	5.08	6.88	2.51	1.20	1.03	528.08	425.28
	天苍村	4.16	2.91	4.76	2.09	0.89	0.81	409.53	399.28
平均		6.26	3.83	8.88	3.99	0.83	0.73	430.84	405.68

二、土地规模对农业经营成本的影响

在模型估计之前,采用方差膨胀因子(VIF)和容忍度(Tolerance)对变量间的多重共线性进行诊断,结果显示单变量的VIF值均小于2,整体VIF为1.33,远小于临界阈值10;同时Tolerance最小值为0.51,变量间不存在严重共线性问题。值得注意的是,户主年龄与受教育程度之间可能存在较高的相关性,但本研究中两者的相关系数为-0.56,且户主年龄和受教育程度的VIF值分别为1.33和1.15,两者均远小于临界阈值10,故两者不存在严重的共线性问题。此外,为了减弱异方差的干扰,此处采用稳健加权最小二乘法(WLS)进行估计。通过F值和拟合优度R^2可以看出模型整体模拟较好。

表7-4呈现了农户耕地规模对农业经营成本影响的模拟结果。对总成本而言,耕地规模和耕地规模平方项的系数分别为-0.064和0.001,均在1%水平下显著,即耕地规模与农业经营成本之间存在典型的"U"型关系,结果表明,当农户家庭耕地规模扩大时,农业经营成本先是呈现下降趋势,而当耕地规

模达到一个特定拐点时,继续扩大耕地规模反而增加了农业经营成本。统计显示,特定拐点值为32亩,即当耕地规模小于32亩时,扩大耕地规模有助于降低农业经营成本,而当耕地规模大于32亩时,继续扩大耕地规模则增加了农业经营成本。

表7-4 耕地规模对农业经营成本的影响

变量	总成本	劳动力成本	种子成本	化肥成本	其他成本
耕地规模	−0.064***	−0.063***	−0.059**	−0.056*	−0.062*
	(−4.51)	(−3.81)	(−2.54)	(−1.83)	(−1.91)
耕地规模平方项	0.001***	0.001***	0.0011***	0.0004	0.0010**
	(4.26)	(3.29)	(2.64)	(0.47)	(2.01)
地块质量等级	−0.047***	−0.056***	−0.031*	−0.044***	0.034
	(−3.82)	(−4.43)	(−1.83)	(−2.63)	(1.07)
耕地细碎化程度	0.407**	0.254*	0.698***	0.866**	0.058***
	(2.11)	(1.66)	(3.51)	(2.53)	(4.93)
户主健康状况	0.024	−0.0004	0.018	−0.083**	0.085
	(0.91)	(−0.12)	(0.59)	(−2.26)	(1.54)
户主年龄	0.002	0.001	−0.0014	0.003	−0.003
	(0.64)	(0.66)	(−0.59)	(1.12)	(−0.77)
户主受教育程度	0.0004	−0.003	0.008	0.014	−0.021
	(0.07)	(−0.42)	(1.08)	(1.53)	(−1.35)
是否参与农业培训	−0.069	−0.065	0.028	−0.173***	0.093
	(−1.49)	(−1.28)	(0.46)	(−2.60)	(0.85)
家庭劳动力数量	−0.006	−0.003	−0.031	−0.029	0.057
	(−0.30)	(−0.16)	(−1.48)	(−1.20)	(1.25)
是否获得金融支持	0.095**	0.125***	0.052	0.034	0.108
	(2.07)	(2.66)	(0.97)	(0.60)	(1.16)
家庭固定资产总额	−0.021	−0.028*	−0.017	0.063***	−0.079***
	(−1.41)	(−1.79)	(−1.10)	(3.31)	(−2.65)
常数项	6.768***	6.297***	4.481***	4.729***	2.198***
	(34.41)	(28.22)	(18.21)	(15.72)	(5.25)

续表

变量	总成本	劳动力成本	种子成本	化肥成本	其他成本
F值	6.43	7.49	5.04	3.51	4.37
Adjust R^2	0.058	0.066	0.047	0.045	0.022
Prob> F	0.000	0.000	0.000	0.000	0.000
样本数量	950	950	950	950	950
耕地规模拐点 $(-b/2a)$	32.00	31.50	26.82	—	31.00

注：被解释变量为单位产量总成本和各分项成本；*、**、***分别在10%、5%和1%显著水平下显著；限于篇幅，区位虚拟变量和常数项均未报告。模型处理采用STATA15.0。在成本分析中，本研究也尝试把农药成本单独剥离出来，但未施用农药的地块数量为4992块，占总体地块数的59.1%，酉阳地区则超过80%的地块未施用农药，考虑到绝大多数地块的农药费用为0，回归中存在严重的系数偏误和异质性问题，故本研究未把农药成本单独剥离出来分析。

对于各单项成本而言，耕地规模与劳动力成本、种子成本和其他成本之间均存在典型的"U"型关系，相应的拐点值分别为31.50、26.82和31.00亩，结果表明，当家庭耕地规模小于相应的拐点值时，扩大耕地规模有助于降低以上三种单项成本；而当家庭耕地规模大于相应的拐点值时，扩大耕地规模反而增加了以上三种单项成本。

其他变量的结果分析。除了在其他成本的分析中，地块质量等级的系数在各模型中均显著为负，表明随着地块质量等级的提升，农业总成本、劳动力成本、种子成本和化肥成本均呈现明显的减少趋势。从耕地细碎化程度来看，耕地细碎化程度的系数在各个模型中均显著为正，表明随着耕地细碎化程度的加剧，相应的农业经营成本也随之增加。此外，户主年龄、户主健康状况、户主受教育程度、家庭劳动力数量等变量在整体上会影响农业经营成本，但在单个成本分析中并未表现出显著的影响力，限于篇幅，在此就不对以上变量逐一分析。

图7-2呈现了典型案例区农户适度经营规模的区间范围。结果显示，为了降低农业经营成本，农户家庭倾向于选择一个有效经营规模，本研究的有效规模介于26.82—32亩，即在此区间内农业经营成本较低，反之无论是低于该区间还是高于该区间，农业经营成本会增加，不利于农业生产效益的提高。

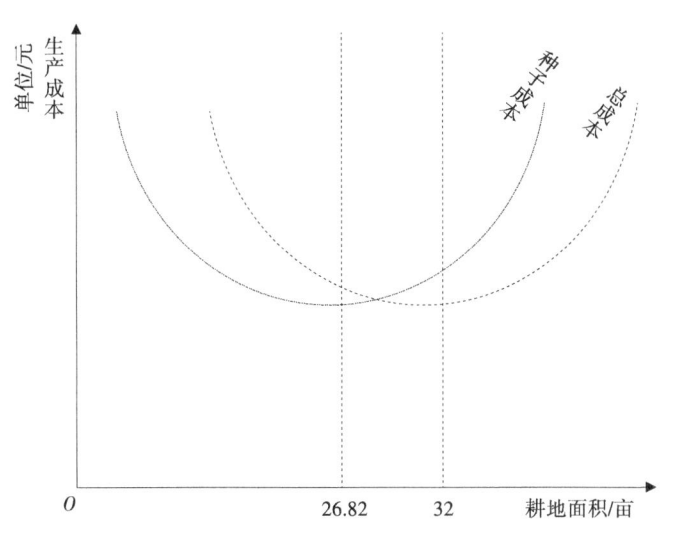

图7-2 典型案例区农户适度经营规模的区间范围

第五节 本章小结

随着劳动力成本的快速上升,山区农业因地形限制,耕地净收益快速下降,规模经营有利于降低农业经营成本,但规模经营是否存在合理的区间？为了回答以上问题,本章首先构建了土地规模影响农业经营成本的理论框架,其次采用典型案例区农户调研资料实证检验土地规模对农业经营成本的影响关系与程度,主要结论如下：

(1)典型案例区的农户耕地规模较小,户均耕地规模为6.26亩,户均地块数量为8.88块,块均耕地面积为0.83亩。研究区域的农户耕地呈现出"户均规模小、地块数量多且与家庭距离近"的空间分布格局,即农户耕地规模较小且细碎化程度较高。

(2)耕地规模与农业经营成本之间存在典型的"U"型关系,拐点值为32亩,即当农户家庭耕地规模小于32亩时,扩大家庭耕地规模有助于降低农业经营成本,而当耕地规模大于32亩时,继续扩大耕地规模则增加了农业经营成本。

(3)农业供给侧结构性改革的初衷是降成本和增收入。因山区复杂的地貌和耕地细碎化严重,导致了机械等省工性技术与要素的难以普及。受国家农业补贴政策的调整,近年粮食价格逐年下调(甄霖等,2017),导致农业生产中的"天花板"逐渐下压,加之农业劳动力成本的持续上涨,农业生产中的"地板"不断抬升,两者进一步压缩了山区农业的利润空间。在此背景下,耕地净收益快速下降,耕地逐渐面临着较大的撂荒风险(Yan et al.,2016;Zhang et al.,2016;Li et al.,2018)。中国科学院对全国142个山区县的耕地撂荒抽样调查发现,78.3%的村庄出现耕地撂荒现象(李升发等,2017;Li et al.,2018);基于县样本的统计显示,2014—2015年全国山区耕地撂荒率达到14.3%(Li et al.,2018)。此外,山区也存在着大量的土地零租金流转行为,已有报道显示,2015年山区土地"零租金"流转比例已接近80%(Wang et al.,2018)。以上现象均说明山区农户的耕地资产价值已不断下降,如若山区耕地规模偏小且细碎化程度严重的问题无法得到有效改善,耕地"零租金"流转、撂荒等边际化现象必然会加剧。因而,政府应建立和完善山区农村土地流转市场,比如建立以乡镇为节点的低成本土地流转网络,积极推动山区耕地流转和集中;鼓励农户或者村庄之间的耕地互换,扩大地块规模,缩短耕作距离,促进规模化经营;推广和普及适合山区农业操作的微型机械,降低劳动力对省工性技术要素的替代作用。

第八章 不同目标导向下农户适度经营规模

第一节 问题提出

农村规模化种植打破了运行30多年的"家庭联产承包责任制"的小农经济现状,这将成为中国农业供给侧结构性改革的突破口之一。尤其在2022年12月的中央农村工作会议上,重点强调了"要发展适度规模经营,支持发展家庭农场、农民合作社等新型经营主体,加快健全农业社会化服务体系"[①]。土地的适度规模经营能实现土地、资本、劳动力等生产要素的优化配置,能够提高农业生产绩效和推动现代农业发展。然而,虽然规模种植的生产效率显著提升,但经营效益却无法与规模经营面积的增长同步,这也是政策层面提出规模要"适度"的应有之义。那么,到底多大的规模才算是"适度"呢?

事实上,社会各界对"适度"规模进行了界定。比如,2014年中共中央办公厅、国务院办公厅印发的《关于引导农村土地经营权有序流转发展农业适度规模经营的意见》指出:"现阶段对土地经营规模相当于当地户均承包地面积10~15倍、务农收入相当于二三产业务工收入的,应当给予重点扶持"[②]。如若按当前务工收入推算,10~15倍的标准规模(约合70~100亩),农户的农业经营收入远小于二三产业务工收入。以粮食生产为例,农业农村部调查测算数据显示,按目前生产条件,播种面积100~120亩是区分小农户与家庭农场的规模标准。目前,一般提倡的适度规模经营以当地户均承包土地面积的10~15倍为宜。另外,联合国粮农组织(FAO)的研究数据显示,经济作物不低于170亩,粮食作物不低于300亩的农业经营规模才具有国际竞争力。

[①] 《锚定建设农业强国目标 切实抓好农业农村工作》,(2022-12-24)[2023-07-04],https://www.12371.cn/2022/12/24/ARTI1671876176764975.shtml.

[②] 《关于引导农村土地经营权有序流转发展农业适度规模经营的意见》,(2014-11-20)[2023-07-04],http://www.gtxnjs.com/h-nd-152.html.

确实，家庭农场必须达到一定规模，才能实现规模效益，但绝不是越大越好。国内外的理论和实践均表明，土地经营规模过大会影响土地产出率和农民就业，不利于农业增产、粮食安全和农民增收。因此，《关于实施家庭农场培育计划的指导意见》（中农发〔2019〕16号）中明确提出家庭农场要坚持规模"适度"[1]。由于中国地域广阔，各地自然经济、社会条件差别很大，很难提出一个在全国范围内普遍适用的具体面积标准。因此，目前中国还未出台统一的评定办法，只是鼓励有条件的地方探索并制定合理的适度规模标准。这也是《关于实施家庭农场培育计划的指导意见》强调，各地一定要以区县为单位，综合考虑当地资源条件、行业特征、农产品品种特点等因素，来确定家庭农场的经营规模的客观原因。

然而，各级政府或各地区的农业发展目标的不同，"适度"经营规模也必然存在显著差异。比如，对于农业经营成本持续上涨的趋势，部分农户实现"适度"经营规模的目的旨在降低农业经营成本以期提高农业收益；对于整个国家而言，中国的农业劳动生产率偏低，排在全球103位，农业劳动生产率滞后，已严重制约了农民增收和农业发展，实现"适度"经营规模的目的旨在提高农业劳动生产率；对于那些仅从事农业的纯农户而言，该类农户实现"适度"经营规模的目的旨在提高农业收入，实现农业收入与当地非农就业收入的均衡化。针对不同的目标，农户家庭的"适度"经营规模可能存在较大差异。

有鉴于此，当前各界对"适度"经营规模的测算是否科学合理？当前不同目标导向下的农户家庭最优"适度"经营规模到底有多大？以及如何协调与平衡各目标下的"适度"经营规模？因此，本章分别从以成本为导向的"适度"经营规模、以劳动生产率为导向的"适度"经营规模和以收入为导向的"适度"经营规模探究农业"适度"经营规模，以期为各级政府在发展适度规模经营时提供实证参考。

---

[1] 《关于实施家庭农村培育计划的指导意见》，(2019-09-09)[2023-07-04]，http://www.moa.gov.cn/gk/zcfg/nybgz/201909/t20190909_6327521.htm.

第二节 以成本为导向的适度经营规模

一、最优规模测算

本部分实证分析数据来自2017年中国家庭追踪调查数据库,涉及全国29个省(区、市)的农村样本共24764个家庭(其中实际居住在农村的农户家庭样本共12732个家庭),具有全国农村代表性。调查问卷包括农户家庭基本结构、农业生产经营、农业信贷、土地利用与土地流转、工商业生产经营、家庭收入与支出、社会保障,以及基层治理等信息。本部分实证分析涉及的各类指标主要来自调查问卷中的生产经营项目资料,具体包括农业生产经营的类型、经营规模、雇工情况、各种要素投入成本、家庭生产性牲畜资产价值、互联网使用情况、农产品销售、农业补贴,以及政府农业技术支持等资料(详细问卷见附件1)。

本部分分别采用数量统计和计量经济学方法识别成本最低下的最优耕地经营规模。其一,数理统计法,本章把耕地经营规模划分为八类,即(0,5]、(5,10]、(10,20]、(20,30]、(30,50]、(50,100]、(100,200]和(200,+∞),并详细估算每类规模户的亩均总费用、机械费用、种子费用、农药费用和化肥费用;其二,计量经济学法,采用半对数计量模型识别农户耕地经营规模与单位面积生产成本的非线性关系,计量模型设置如下:

$$LN(ptcost_i)=\alpha_i LN(AREA_i)+\beta_i LN(AREA_i^2)+\gamma_i PLOT_i+\delta_i FAMILY_i+\eta_i Region_{dum}+\varepsilon_i \quad (8-1)$$

式中$ptcost_i$表示亩均总成本;$AREA_i$表示农户家庭耕地经营规模;$PLOT_i$表示地块层面特征;$FAMILY_i$表示户主与家庭层面特征;$Region_{dum}$表示地区虚拟变量;ε_i表示误差项。α_i、β_i、γ_i、δ_i和η_i均为待估参数。根据该模型的模拟结果可以识别农户耕地经营规模与农业经营成本之间的非线性关系。

二、实证结果分析

表8-1呈现了不同农业经营规模下的生产成本统计。结果显示,整体上看,随着农业经营规模的扩大,亩均农业生产成本呈现出明显的下降趋势。

当农业经营规模介于0~5亩时,亩均总费用高达957.43元,而当农业经营规模大于200亩时,亩均总费用低于200元(189.54元)。就各单项成本而言,随着农业经营规模的扩大,亩均机械费用、种子费用、农药费用和化肥费用均呈现出明显的下降趋势。当农业经营规模介于0~5亩时,亩均机械费用、种子费用、农药费用和化肥费用分别达到213.92元、193.13元、197.26元和353.12元,而当农业经营规模大于200亩时,相应的亩均费用分别为27.18元、48.09元、31.73元和82.54元,相应的降幅分别达到87.29%、75.10%、83.91%和76.63%。整体而言,随着农业经营规模的扩大,各类生产成本均呈现明显的下降趋势。

表8-1 不同农业经营规模下的生产成本统计

分类	(0,5]	(5,10]	(10,20]	(20,30]	(30,50]	(50,100]	(100,200]	(200,+∞)
总费用/(元/亩)	957.43	539.85	448.91	369.25	294.49	276.07	307.18	189.54
机械费用/(元/亩)	213.92	123.86	103.24	60.78	39.12	34.89	59.35	27.18
种子费用/(元/亩)	193.13	107.91	93.718	93.7	79.01	63.385	67.66	48.09
农药费用/(元/亩)	197.26	87.02	58.31	44.52	38.13	39.13	58.11	31.73
化肥费用/(元/亩)	353.12	221.06	193.64	170.25	138.23	138.66	122.06	82.54
样本数量/(元/亩)	8237	3291	1672	471	190	134	53	20

表8-2呈现了农户耕地经营规模与经营成本之间的非线性关系模拟结果。结果显示,耕地经营规模与耕地经营规模平方项的回归系数分别为-0.418和0.039,均在1%水平下与经营成本显著相关,深入分析发现,耕地经营规模与亩均经营成本之间呈现出典型的"U"型关系,即当耕地经营规模处于拐点的左半边时,扩大耕地经营规模有助于降低单位面积农业生产成本,反之在拐点的右半边时,扩大耕地经营规模不但无法降低生产成本,反而增加了生产成本。统计发现,本研究"U"型的拐点值为212.73亩,即当家庭耕地经营规模小于212.73亩时,扩大耕地经营规模均有助于降低生产成本,而当家庭耕地经营规模超过212.73亩时,扩大耕地经营规模将增加生产成本。此外,模型模拟同样表明,户主年龄与经营成本之间也存在典型的非线性关系,两者存在典型的倒"U"型关系,拐点值为57.86岁,即当户主年龄小于57.86岁时,户主年龄的增长,农业经营成本将不断上升,而当户主年龄超过57.86岁时,随着户主年龄的增长,农业经营成本呈现不断下降的趋势,这可能与劳动力的非农就业机会有关,当劳动力年龄较高时,非农就业机会减少,折算到农业生产成本中也相对较低。限于篇幅,其他变量在此未逐一解释与分析。

表8-2 农户耕地经营规模与经营成本之间的非线性关系

变量	回归系数	t值
Log(耕地经营规模)	−0.418***	−7.94
Log(耕地经营规模平方项)	0.039***	2.79
是否完成土地确权	−0.056**	−2.13
Log(家庭生产性资产价值)	0.005	0.005
户主年龄	0.081***	9.98
户主年龄平方项	−0.0007***	−10.62
户主受教育水平	0.011	0.76
户主婚姻状况	−0.033**	−2.44
地区虚拟变量	Yes	—
常数项	4.713***	19.99
$F(2,14065)$	161.29	—
调整的 R^2	0.023	—
样本数量	14068	
拐点值=e^($-b/2a$)	212.73亩	

注：*、**、***分别在10%、5%和1%水平下显著，模型模拟分析采用STATA 15.0实现。

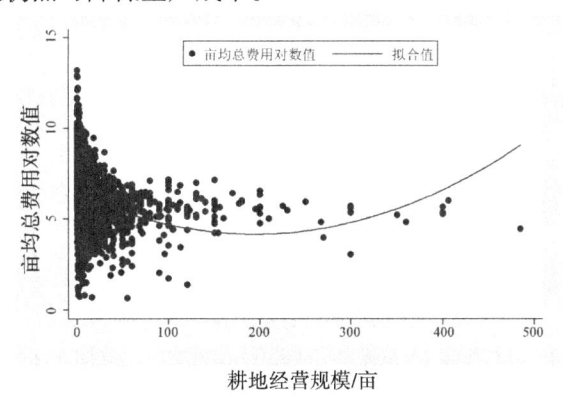

图8-1呈现了耕地经营规模与亩均成本的非线性关系，结果显示，耕地经营规模与亩均总成本之间呈现典型的"U"型关系，相应的拐点值为212.73亩。图8-2呈现了耕地经营规模与亩均单项成本的非线性关系，结果发现，耕地经营规模与亩均机械费用、亩均种子费用、亩均化肥费用，以及亩均其他费用均呈现出典型的"U"型关系，相对应的拐点值分别为200亩、204亩、204亩和212亩。统计数据显示，全国调研农户中99%的耕地经营面积小于拐点值，仅不足1%的农户经营规模面积达到了212.73亩，因而，当前中国农户家庭耕地经营规模的扩大仍然可降低生产成本。

图8-1 耕地经营规模与亩均成本的非线性关系

注：数据来自2017年中国农村追踪调查数据库，耕地经营规模与亩均成本的非线性关系的模拟采用STATA15.0实现。

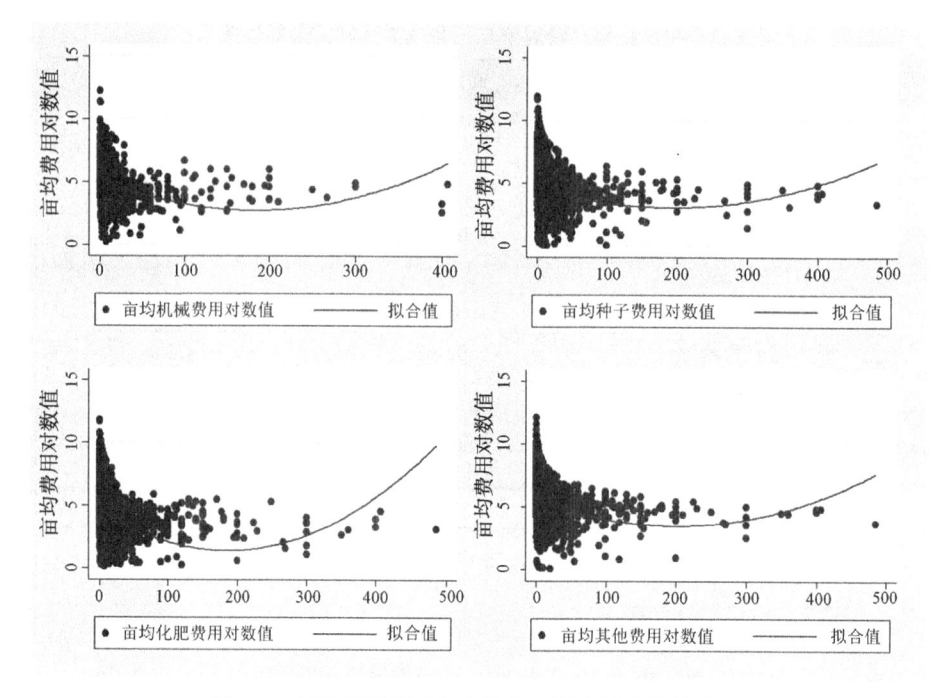

图8-2 耕地经营规模与亩均单项成本的非线性关系

注:数据来自2017年中国农村追踪调查数据库,耕地经营规模与亩均成本的非线性关系的模拟采用STATA15.0实现。

第三节 以劳动生产率为导向的适度经营规模

一、最优规模测算

该部分的数据来自2000—2018年中国大陆31个省(区、市)层面的面板数据,因没有数据缺失,故为平衡面板数据。研究区间选取2000—2018年的原因是,2000年之后中国的工业化和城镇化的进程加快,人口从农村迁移到城镇的现象突出,同时国内外的社会经济环境对农业也产生较大冲击,对该区间的研究有助于对当前相关政策的理解和实施。原始数据主要来源于历年《中国统计年鉴》,耕地面积来源于《中国经济与社会发展统计数据库》,农林牧副渔增加值来源于《中国农村统计年鉴》,乡镇企业增加值、机械总动力来源于《中国农业年鉴》，降水量来源于《中国气象科学数据共享网》。此外，用货币度量的指标均以农村消费价格指数进行了平减（以1985年定基价格指数为标准）。

被解释变量选取第一产业增加值与第一产业从业人员数量比值的对数作为被解释变量，用以衡量各省（区、市）的农业劳动生产率。为了准确测度农业劳动生产率，选取第一产业增加值，增加值是从总产值中剔除了农业与非农业的各种物质消耗，可以反映农业再创造的价值，和国民收入相仿。此外，考虑到农业是一个系统，如果采用每劳动日工作量或货币价值，可能会忽略农业内部的种植结构调整效应。总的来说，用第一产业从业人员的农业增加值可以较准确地衡量农业劳动生产率。

耕地经营规模与耕地经营规模平方项是本研究的核心解释变量。这里选取人均播种面积来衡量农地经营规模，主要原因有二，其一是播种面积能够较准确地反映农业各年度的经营现况；其二是人均播种面积与人均耕地面积存在高度相关性，两者的相关系数为0.849。可见，人均播种面积能够较准确地衡量耕地经营规模。加入耕地经营规模平方的原因是，考察劳动生产率与农地经营规模是否存在倒"U"型关系，以判断部分学者认为的生产率与耕地规模之间的"反向关系"是否成立，重要的是量化耕地经营规模与农业劳动生产率的非线性关系（王亚辉等，2017）。其他的控制变量具体如下：农村经济发展水平用农村人均GDP的对数来度量农村经济发展水平，用农林牧副渔增加值与乡镇企业增加值之和来度量农村生产总值，该指标用来反映经济发展对劳动生产率的影响。化肥施用量、农膜使用量用以测量单位农地面积上的生物要素投入，同时可以考察农业生物技术对有限耕地资源的替代作用。机械总动力指人均可支配的机械水平，反映农业机械化程度，用以考察机械对劳动力的替代作用（蒋乃华，2004）。有效灌溉率，已有的研究表明，由于极端气候频发，灌溉对农业愈发重要，有效灌溉率可以间接反映当地的气候、水资源富裕情况及水利设施完善程度。成灾率，指损失超过30%的农作物播种面积，反映地区的自然灾害状况与防灾设施完善程度。复种指数，复种指数越高，说明单位耕地面积上的农业活动越频繁，该指标可间接反映地区土地质量与人们农业生产的努力程度（蒋乃华，2004）。经济作物比重，反映农业内部种植结构的调整情况，可以通过价格机制来影响劳动生产率。自然条件,比如地区的温度和降水,反映地区农业气候。

为了量化耕地规模与农业劳动生产率之间的非线性关系,模型设置如下:

$$\mathrm{ALP}_{it} = \alpha_0 + F_t + \beta_1 \mathrm{AREA}_{it} + \beta_2 \mathrm{AREA}_{it}^2 + \beta_3 X_{it} + \mu_{it} \qquad (8-2)$$

式中,ALP_{it}为农业劳动生产率;AREA_{it}和AREA_{it}^2分别表示户均耕地经营规模及其平方项;X_{it}为纳入模型中的控制变量;F_t为时间哑变量;β_0为常数项;μ_{it}代表随机扰动项;β_1、β_2分别为农地经营规模及其平方项的系数,如果$\beta_1 > 0$成立,则表明在短期内劳动生产率与农地经营规模存在"正相关关系";如果$\beta_2 < 0$成立,则表明从长期来看,劳动生产率与农地经营规模存在倒"U"型关系,且农地存在最优经营规模;下标i和t分别代表第i个省(区、市)和第t年度。模型的筛选结果表明,Hausman统计量为0.000,即拒绝所有$u_i=0$的原假设,故应采用固定效应来估计模型。

二、实证结果分析

这里重点考察的是耕地经营规模和耕地经营规模平方项的回归系数。由表8-3可知,耕地经营规模及其平方项的回归系数分别为1.324和-0.142,两者均在1%水平上与农业劳动生产率显著相关,表明研究期内农业劳动生产率与耕地经营规模之间存在典型的倒"U"型关系,即初期扩大耕地经营规模能够提高劳动生产率,随着耕地经营规模的持续扩大到拐点,农业劳动生产率能够达到最大值,但之后仍然继续扩大耕地经营规模,则出现了农业劳动生产率下降的趋势。通过模型求解,可以测算出最优人均耕地经营规模为105.63亩。这一结论与倪国华等的研究较为接近,他们的研究表明要实现人均第一产业收入最大化,人均土地经营规模应在131~149亩之间(倪国华和蔡昉,2015)。按照户均夫妻两人的劳动力数量估算,户均适度经营规模为211.26亩。

表8-3 耕地经营规模与农业劳动生产率的非线性回归结果

变量	回归系数	t值
Log(耕地经营规模)	1.324***	5.93
Log(耕地经营规模平方项)	-0.142***	-3.13
农村经济发展水平	0.688***	19.56
化肥施用量	0.123**	2.12

续表

变量	回归系数	t值
农膜使用量	0.081***	5.67
机械总动力	0.072**	2.23
有效灌溉率	0.221	1.46
成灾率	−0.210***	−5.12
复种指数	−0.032**	−2.17
经济作物占比	0.056	1.34
降水量	0.799*	1.73
年度虚拟变量	No	No
常数项	−0.625**	−2.16
样本量	589	—
R^2_w	0.913	
F值	623.12	—
最优人均耕地经营规模($-b/2a$)	105.63亩	—
户均最优耕地经营规模	211.26亩	

注：*、**、***分别表示在10%、5%和1%水平下显著，括号中的数字是估计系数的t值；单位面积农药使用量与化肥施用量存在高度相关性、农业电力投入与机械总动力存在高度相关性，为了防止完全共线性而导致的回归偏误，故在模型中未纳入；为了防止遗漏变量偏误，本研究在原始模型中还分别纳入了农业劳动力结构、劳动力教育水平、人口密度、高速公路密度、城镇化率，以及温度等变量，但这些变量在回归中均不显著，且剔除这些变量之后，模型中的其他变量与模型总体显著性并无显著性改变，故把这些变量剔除；最优农地经营规模的确定。可以把倒"U"关系看作是一个开口向下的二次函数$Y=aX^2+bX+c$，通过计量模型确定系数a和系数b，通过分析系数的显著性及二者之间的关系来判断拐点是否存在，如果存在，可以通过二次函数的最值点来计算出最优土地经营面积$X_{最优}=-b/2a$；模型处理过程采用STATA 15.0。

值得注意的是，当前来看中国户均耕地经营规模已经不足8亩，远远低于本研究估算的户均最优耕地经营规模(211.26亩)。可以肯定的是，现阶段中国仍处于耕地经营规模扩大，农业劳动生产率持续上升的区间，即处于农业劳动生产率与耕地经营规模之间倒"U"型曲线拐点的左半边，远没有达到耕地规模扩张的边界。该结论意味着十八届三中全会所提出的"新型农业经营主体"是从事多种经营的家庭农场，要实现劳动力禀赋的最大化利用，以及中央先后提出的"推动实现多种形式的农业适度规模经营"等政策仍然有继续发力的空间，即使保持现有农业生产力水平不变，中国的耕地经营规模平均还需要提高10余倍(王亚辉等,2020)。实际上,随着农业生产力水平的逐步提高,人均经营农地的最优规模还将会进一步提高,这预示着中国耕地规模集中将是一个漫长的过程。

对控制变量的考察发现:农村经济发展水平在5%水平上显著为正,说明农村经济发展有助于农业的发展。以化肥和农膜为主的生物技术投入对农业劳动生产率有显著促进作用,回归系数分别为0.123和0.081,分别在5%、1%水平上显著。结合当前实际,每公顷耕地的平均化肥施用量约为330千克,且不同地块间化肥施用量的变异程度较小,表明化肥的使用已经较为普遍,且各区域间差异较小;但农膜的情况恰恰相反,比如每公顷耕地的最大使用农膜量为61千克,最小不足1千克差异很大。因而,化肥的回归系数大于农膜也就不难理解。成灾率显著为负,说明自然灾害对农业的冲击依然较大,成灾率的上升能够显著降低劳动生产率。复种指数显著为负,表明复种指数提高反而降低了劳动生产率。结合当前中国的现状不难理解,非农就业工资和务农成本的持续上涨,务农收益在"天花板"和"地板"的双重挤压下逐渐缩小,务农的边际成本大于边际收益,复种指数下降的趋势在多数地区已经显现,最典型的是东部精耕细作向粗放化经营转变和南方双季稻改为单季稻(蒋敏等,2019)。降水量在10%水平下显著为正,说明降水仍然是农业发展的重要因素。总体来看,这些变量与我们的判断和大量实证研究的结论相一致。

第四节 以收入为导向的适度经营规模

一、最优规模测算

该部分分析数据来自农业农村部农村经济研究中心的农村固定观察点数据库(http://www.rcre.agri.cn/),1986年开始在全国各省(区、市)开展农村住户追踪调查,该数据库具有样本分布范围广、代表性强、样本量大,以及调查内容丰富等优势。该研究选择农村固定观察点数据库中2000—2018年数据进行分析,数据库每年调查超过2万户农村家庭,问卷涉及家庭成员信息、农业经营情况(收入—产出)、土地流转情况、农产品销售、家庭全年收支,以及家庭食物消费等信息。除此之外,该研究还使用了全国农产品成本收益资料汇编数据(www.npcs.gov.cn),该数据则详细记录了农作物投入产出信息。全国农产品成本收益资料汇编是由国家发展和改革委员会价格司主编,收录了各省(区、市)主要农产品生产成本和收益资料。该资料是通过抽样调查的方式获得,其中共调查422个县、近4000户农户,涉及种植面积22427.98亩。该部分使用了该数据库2000—2020年的数据。

为了计算以收入为导向的农户最优经营规模,本研究首先估算从事非农就业的农村家庭平均收入,其次估算全国和三大主粮作物区亩均耕地净收益,最后计算全国和三大主粮作物区纯农户实现非农就业收入的耕地经营规模。计算公式如下:

$$LS_i = TI_i/NP_i \tag{8-3}$$

式中,LS_i表示为实现非农家庭收入应耕种的"适度"经营规模;TI_i表示农村非农家庭户均收入水平;NP_i表示亩均耕地经营净收益。

二、实证结果分析

图8-3呈现了2001—2020年纯农户达到农村户均收入所需经营的耕地面积。从全国整体上看,如若纯农户要达到非农家庭户均收入水平,2001年纯农户所需经营耕地规模为22.96亩,此后所需耕地规模不断上升,2020年达到了240.56亩,研究期间纯农户所需经营的耕地面积上升了9.48倍。从三大主粮作物区上看,如若纯农户要达到非农家庭户均收入水平,2001年纯农户所需经营耕地面积为20.41亩,此后所需耕地规模同样不断上升,2020年达到了140.21亩,研究期间所需耕地面积上升了5.87倍。

值得注意的是,已有研究与本书的结论大致相同。比如,华南农业大学研究土地适度规模经营的课题组认为:"基于农户种植收益最大化考虑,平原地区户均最优面积为88~117亩"。全国层面的研究发现,2012年,若要实现当地户均家庭收入水平,纯农户应该经营200亩耕地才能实现(李琴,2017)。此外,政府部门也对"适度"经营规模进行了测算,比如2015年上海市估算出若达到当地务工收入水平,当地农场规模应该介于100~150亩。由此可见,对于纯农户而言,若想实现当地非农家庭平均收入水平的话,必须扩大既有的耕地经营规模,主粮作物区的户均耕地规模应介于140~200亩,全国户均耕地规模应超过200亩。

那么,全国层面和主粮作物区的户均所需耕地经营规模为什么会存在较大的差异呢?全国国土空间自然地貌类型多样,丘陵山区占全国总面积的43%,因近年劳动力及各种投入要素价格持续攀升,丘陵山区因难以使用机械等省工性要素替代"高涨"的劳动力成本,丘陵山区种植主粮作物的耕地已处于亏损的状态。因而,从全国层面来看,2020年若实现当地户均收入水平,全国层面户均所需耕地规模高达240.56亩,远远高于三大主粮作物区的户均所需140.21亩。

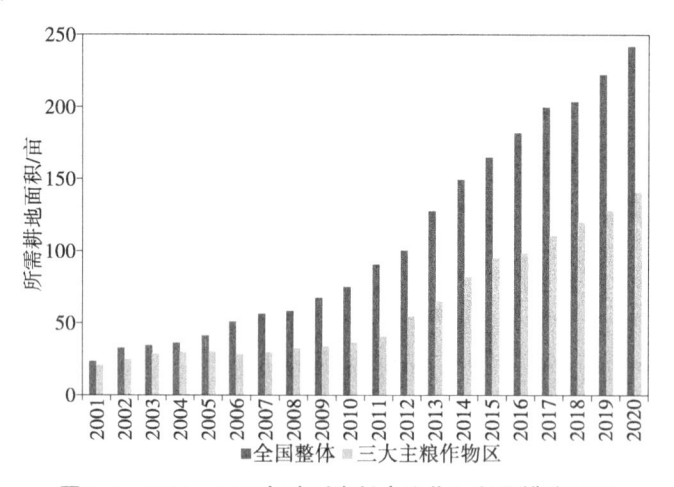

图8-3 2001—2020年达到农村户均收入所需耕地面积

第五节 户均耕地"适度"经营规模的确定

图8-4呈现了不同目标导向下户均最优"适度"经营规模。结果显示,从全国整体上看,若实现当地户均收入水平、农业劳动生产率最高和农业经营成本最低,户均耕地经营规模分别为240.56亩、211.26亩和212.73亩,户均耕地经营规模均超过了200亩,并且介于211~241亩。从三大主粮作物区来

看,若实现当地户均收入水平,户均耕地经营规模需要达到140.21亩。整体而言,若想单纯从事农业生产,农户家庭必须扩大耕地经营面积,对于主粮作物区的农户而言,最优"适度"经营面积大约在140亩,而全国整体上应该超过200亩。

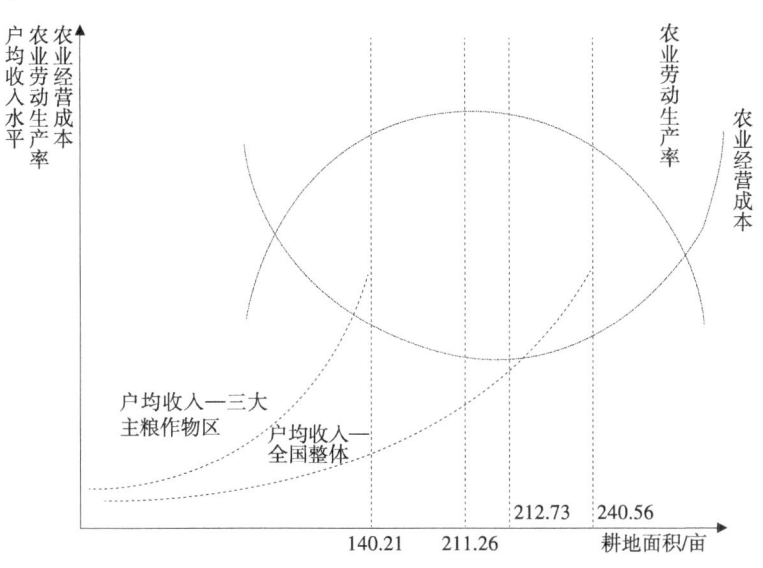

图 8-4　不同目标导向下户均最优"适度"经营规模的确定

第六节　本章小结

本章从农业经营成本、农业劳动生产率和户均收入均等化三个视角,借助中国农村家庭追踪调查、农村固定观察点数据库,以及全国农产品成本收益资料汇编等数据,系统测算了当前中国农村家庭的耕地"适度"经营规模,以期为全国和粮食主产区农户家庭适度经营规模的确定提供实证参考与借鉴。主要结论如下:

(1)为了降低农业经营成本、实现当地户均收入水平和提高农业劳动生产率,当前农村家庭必须适度扩大耕地经营规模。从全国整体上看,若想农业经营成本最低、实现当地户均收入水平和农业劳动生产率最高,当前户均所需耕地经营规模分别为212.73亩、240.56亩和211.26亩,亩均耕地经营规模均超过了200亩,并介于211—241亩。从三大主粮作物区上看,2020年若实现当地户均收入水平,户均耕地经营规模需要达到140.21亩。整体而言,若想单纯从事农业生产,农户家庭必须扩大耕地经营面积,对于主粮作物区的农户而言,最优"适度"经营面积大约在140亩,而从全国整体上看应该超过200亩。

(2)虽然近年来中国持续推进城镇化和工业化改革,但仍近一半的人口在农村从事农业相关的工作,耕地是农村发展的核心。耕地"适度"规模化可以有效地将农业现代化、精耕细作、风险与效益、经济效益和社会效益等多维度融合起来。过度推崇大农场,土地大集中,不符合我们基本国情,一家一户的小农种植业也不能推动农业发展,各有特色的适度规模化种植是目前的最佳选择。循序渐进,逐步推进土地规模化经营,符合国家政策、基本国情,也符合产业发展趋势。

以现有生产力水平分析,在农地经营规模尚未达到农地经营规模扩大的边界之前,从农户的角度来看,农地经营规模集中将会提高其劳动禀赋的利用率,进而增加农业的平均收入,发展适度规模经营理应可取。当下,政府需要做的工作是降低土地流转的交易成本,同时引导市场向农业投入更多的科技、资本及管理要素,在不断推进城乡统筹发展的前提下,确保实现农民增收和粮食安全,提高农户收入和劳动生产率。根据区域间的土地禀赋和经济发展水平,因地制宜地普及农业现代技术,比如东中部平原地区应加快推进机械化,相反西部丘陵和山区,则应适度提高生物化要素投入,并配合发展观光农业、生态农业及休闲农业等多种特色农业。此外,虽然化肥能够有效提高农业劳动生产率,但考虑到当前农村污染和生态破坏等问题,应力求发展生态友好型农业,并推广测土配方施肥、精准高效施肥。此外,加大农业基础设施建设、推进农田水利建设,实施藏粮于地战略,建立极端气候响应机制,以减轻极端气候对农业生产的影响,这些同样应引起重视。

第九章　农业适度规模经营的区域实践

第一节　实现适度规模经营的阻力

2014年,中共中央办公厅、国务院办公厅印发的《关于引导农村土地经营权有序流转发展农业适度规模经营的意见》指出"坚持经营规模适度,既要注重提升土地经营规模,又要防止土地过度集中,兼顾效率与公平,不断提高劳动生产率、土地产出率和资源利用率,确保农地农用,重点支持发展粮食规模化生产""现阶段,对土地经营规模相当于当地户均承包地面积10~15倍、务农收入相当于二三产业务工收入的,应当给予重点扶持"[①]。2022年12月,中央农村工作会议中强调:"要发展适度规模经营,支持发展家庭农场、农民合作社等新型经营主体,加快健全农业社会化服务体系,把小农户服务好、带动好"[②]。由此可见,当前中国政府已从顶层设计的角度力求发展适度规模经营以推动农村发展和农业现代化的实现。

实践证明,土地流转是实现农业适度规模经营的重要途径之一。然而,现行的土地制度使得土地流转过程中面临较高的交易成本,造成土地流转和农业规模化经营难以实现。农村固定观察点数据统计显示,当前中国仅约有1%规模户的耕地面积超过50亩,80%以上农户的耕地面积不及10亩。2015年,农业部调研发现,家庭农场平均经营的地块数为34块,要形成一个适度规模的家庭农场,平均需要与近47个小农户进行土地流转交易,浙江、安徽、天津、江苏、山东、青海、宁夏,以及江西等地甚至需要与60户以上的小农户进行土地流转交易才能形成相应适度规模的家庭农场(图9-1)。与此同时,中国科

---

① 《关于引导农村土地经营权有序流转发展农业适度规模经营的意见》,(2014-11-20)[2023-07-04],http://www.gov.cn/xinwen/2014-11/20/content_2781544.htm.
② 《锚定建设农业强国目标 切实抓好农业农村工作》,(2022-12-24)[2023-07-04],https://www.12371.cn/2022/12/24/ARTI1671876176764975.shtml.

学院"新时期国民营养与粮食安全战略研究"项目组调研显示,山东省每个规模户平均需要与59个小农户进行土地流转交易,而完成这些交易平均需要半年以上的时间;而且这些规模户平均耕地面积仅为128亩,不及规模户预期值的一半,多数规模户仍有扩大耕地面积的意愿。而在安徽省,一个家庭农场甚至需要与接近1000个农户进行土地流转交易,才能形成一个适度规模的家庭农场(王亚辉等,2019)。

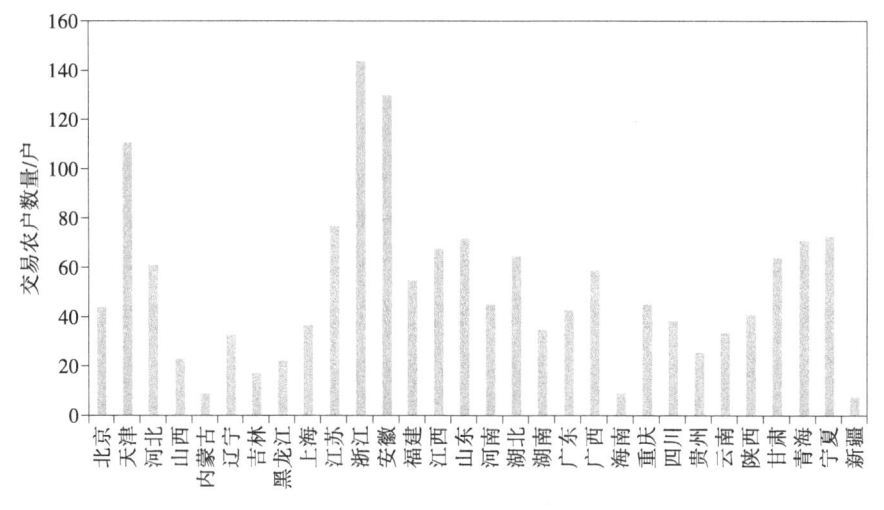

图9-1　实现当地适度经营规模农场需要交易农户数量

事实上,自城镇化和工业化迅速发展以来,多数国家和地区开始推动农业规模化经营,比如美国、加拿大、日本、韩国等国家。近年中国各地也逐渐意识到现行土地制度造成耕地细碎化对发展规模化经营的限制,基层组织开始自发探索相应促进耕地规模经营的方式。比如,辽宁彰武县的"互换并地"改革、安徽怀远县的一块田改革、江苏盱眙县的"小块并大块,多块变整块"等,这些实践的本质均为降低耕地细碎化程度,以降低土地流转过程中的交易成本。

有鉴于此,为了推动土地流转和农业适度规模经营的实现,本研究有必要系统梳理典型国家(美国和日本)农业规模化发展的特征,以及中国典型地区(广西、安徽和贵州等)农业适度规模经营改革的进程,以期提升对当前中国农业适度规模经营的认识和积极推动农业适度规模经营。

第二节 国外适度规模经营的借鉴

第二次世界大战以后,随着西方国家快速地城镇化和工业化,劳动力大量从乡村转移到城市,土地经营规模呈现迅速扩大地趋势。其中美国和日本最具典型性和代表性,美国以发展家庭农场为主,农场规模小则数百亩,大则上万亩,而日本以发展"适度"规模的家庭农场为主,规模一般在20亩左右。本节旨在厘清美国和日本家庭农场的演变特征,以期为推动中国农业"适度"规模经营提供经验。

一、美国家庭农场规模演变

美国家庭农场数量经历了"现代农村土地制度形成—农场快速增加—农场快速减少—农场缓慢减少—农场基本稳定"五个阶段的变化过程,与之相对应的是,农场平均规模则经历了"土地租佃—规模基本稳定—规模快速增加—规模缓慢增加—规模基本稳定"五个阶段的变化过程(卫荣等,2016)。1970年之后,美国农场进入规模竞争时代。1978年美国农业普查资料显示,在当时只有经营耕地面积超过15000亩、年销售额在20万美元以上的农场才能成为赚取大量利润的农业企业。小农场绝大多数都亏本,这些农场主或离开土地或搞兼营,靠非农业收入才能把农场持续经营下去。

表9-1呈现了近年美国家庭农场的规模特征。结果显示,按农场平均面积把美国家庭农场划分为五类,即522亩、1892亩、5462亩、7838亩和13772亩,其中农场平均面积为13772亩的农场总面积占全部农场面积的41%,而平均面积为522亩的农场总面积约占10%;不同规模的家庭农场其年度销售额存在巨大差异,平均规模为522亩的家庭农场的年度销售额不足10000美元,而平均规模为13772亩的家庭农场其年度销售额500000美元及以上,两者的农场规模相差25倍左右,但年度销售额之差则超过了49倍。

表9-1 美国家庭农场规模特征

农场平均面积/亩	总面积/万亩	年度销售额/美元	占总面积比例/%
522	100161	1000～9999	10
1892	117734	10000～99999	21
5462	78308	100000～249999	14
7838	76121	250000～499999	14
13772	227267	大于等于500000	41

为了推进实现农业规模化经营,美国政府也进行了一系列制度改革。首先,农业立法保障和促进农业现代化进程。在近百年的农业规模化发展历程中,美国国会通过并实施了多部农业法律,建立健全了一套指导农业与农村发展的法律体系,不仅规定农业政策的基本取向,而且还规定政府干预经济发展的基本权限(孙瑞玲,2008)。其次,政府有效的宏观调控体系鼓励和引导农业规模化进程。政府采用信贷支持、利息调节、价格补贴,以及政策引导等经济手段和法治手段,鼓励和诱导家庭农场规模适度扩大(王丽娟等,2012)。比如,政府主要依据农场面积和农产品数量分配农业补贴(比如休耕补贴、差额补贴和灾害补贴等),因而大农场能够获得更多的资金支持,自然更有利于大农场的发展;同时,资产雄厚的大农场也能够获得更多政府的农业信贷。最后,政府的非家庭农场限制措施巩固了家庭农场的主体地位。美国在促进土地流转政策中特别强调"禁止非家庭性公司拥有农地和经营农业的直接生产领域",在以农场规模大而著称的中西部地区的九个农业州都有这样的规定,以保证农地尽可能由农户经营。根据美国农业部经济研究局(ERS)和国家农业统计局(NASS)数据,当前美国家庭农场约占全部农业经营主体的97%,处于绝对主体地位(孟莉娟,2015);同时,美国小型家庭农场兼业现象仍很普遍,小型家庭农场收入主要依靠大量的非农收入,而不是主要靠农场生产,大部分的非农收入来自工资、薪水及创业收入(卫荣等,2016)。这与当前中国农村居民的收入来源具有类似性,具有较强的借鉴价值。

二、日本家庭农场规模演变

日本是一个人多地少的岛国,农业资源相对稀缺,实有耕地面积6840万亩,人均耕地不足1亩(0.54亩)。即便如此,近年日本仍尝试通过扩大农户家庭经营规模、提高土地生产率，使得日本农业从传统分散的小农户格局逐渐走向适度规模化与集约化的现代农业格局，为东亚各农业国实现农业适度规模化和现代化提供了借鉴。

第二次世界大战后，在美国的帮助下，日本开始了废除半封建土地制度的改革，其间颁发了《第一次农村土地改革法案》，1950年基本形成了自耕农为代表的现代农村土地制度。1980年《农地法》《农业委员会法》《农地利用增进法》三部土地法相应修订，旨在鼓励农户之间相互形成农村土地的合作利用，即通过土地所有权与经营权、耕种权的分离来扩大农业经营规模（冯献和崔凯，2014；孟莉娟，2015；匡远配和陆钰凤，2016）。

通过对日本1930年至今都府县和北海道的历年农户数据统计，日本农户现代化大致为四个阶段，相应的农户数量呈现出"基本稳定—显著上升—快速下降—平稳下降"的阶段性特征（匡远配和陆钰凤，2016），相应的阶段特征如下：

第一阶段（1930—1960年），传统分散的小农经营阶段。该阶段日本农户之间禁止开展土地租赁活动，农户以传统、小规模和分散的经营格局为主，1930年、1940年、1950年和1960年的农户数量分别为560万、550万、610万和610万户，基本上保持稳定的数量格局。与此同时，该阶段的农户土地经营规模较小，统计显示，小于15亩、15—30亩、30—75亩，以及超过75亩的农户数量占比分别约为50%、20%、15%和15%，其中小于75亩的农户数量占比超过85%。

第二阶段（1961—1995年），小农户快速减少，农业规模化快速形成阶段。该阶段农户总数量快速下降，农户经营规模不断扩大。农户数量从1960年的610万快速减少至1995年的260万，下降幅度接近60%。与此同时，农户经营规模也相应得到了提升，1995年末，小于15亩、15~30亩、30~75亩，以及超过75亩的农户数量占比分别约为30%、10%、15%和45%，甚至出现很多超过150亩家庭农场。该阶段的农业规模化变化主要归因于日本城镇化和工业化的快速发展，农村劳动力不断向城市和工业部门转移，为实现农业机械化和提高农业劳动生产率创造了条件，农业规模化成为日本该时期的必然要求。

第三阶段（1996年至今），农户数量保持缓慢下降阶段。随着城镇化和工业化的持续推进，大量乡村劳动力转移到城市，丘陵山区甚至出现土地"无人认领"的情况。此阶段,日本农户经营规模呈现缓慢上升趋势,相应的农户数量则呈现缓慢减少趋势。其间,农户数量从260万减少至当前的150万,相应的户均经营规模则增加至60亩,并且超过150亩的农户数量占了近一半。

第三节 实现适度规模经营的区域实践

农业农村部农村固定观察点数据库的统计显示,在全国29个省(区、市)涉及的300个调查村庄中,按家庭人口数量均分耕地的村庄占比约75%,人均耕地规模偏小(其中470个区县的人均耕地面积低于0.5亩,660个区县低于0.8亩,800个区县低于1亩),并且耕地多分布在农户家庭东西南北方向的多块地块上,造成了耕地严重破碎化的格局。土地流转是当前实现农业规模化经营和农业现代化的重要举措,而现行家庭联产承包责任制使得土地流转过程中面临较高的交易费用,难以通过土地流转推动农户家庭适度规模经营的形成。比如,前期研究发现,2015年单个适度规模的家庭农场平均经营耕地地块数为34块,要形成一个适度规模的家庭农场,平均需要与47个农户进行土地流转交易,浙江、安徽和天津等地甚至需要与60户以上的小农户进行土地流转交易才能形成相应适度规模的家庭农场(图9-1)。由此可见,当前中国农业适度规模化的形成将是一个长期的过程,需要克服高额土地制度运行成本的阻力。

在此背景下,各地方政府也深刻感受到了土地流转过程中交易费用偏高的问题,并积极探索降低交易费用和促进农业规模化经营的模式,比如土地银行、小块并大块、一户一田、一村一田、互换并地,以及破田坎等。为此,本章节系统梳理了近年来全国各地降低土地流转交易费用的模式,以期为推进土地流转和促进农业适度规模经营提供经验借鉴。

一、土地银行

案例1:杨凌土地银行模式

为了推进土地规模化流转,2008年陕西省咸阳市杨陵区建立了土地银行。该模式旨在创新土地流转机制,促进土地集约化经营,建设现代农业示范园区,调整农村产业结构,基本消除农民单家独户经营模式。与此同时,该区也为农民提供了务工平台,使之既能得到土地流转的收益,又能进入农业园区务工得到相应的非农收入,实现了农民增收和农业规模化产业化经营,对推动土地流转和实现农业规模化经营具有很强的借鉴价值(谢辰,2019)。经整理发现,杨凌土地银行运行模式大致包括以下路径(图9-2):

(1)产业规划,政府对辖区内的土地进行前期规划,确定园区用地范围、面积和产业布局,按照产业规划引入土地流转项目;(2)信息发布,土地银行将土地信息及时发布在土地流转信息平台,通过招商引资,吸引新型经营主体选择项目,入驻园区;(3)宣传动员,村土地银行与镇政府通过召开村"两委会"或村民大会针对地块需求对项目内土地征求村民意见,并广泛发动村干部对各项政策和保障措施进行逐户宣传,引导农户流转土地;(4)签署合同,在土地银行与流转双方达成一致后,土地银行与农户签订委托流转协议书,与经营主体签订土地流转合同,村土地银行按约定期限向经营主体收取租金,并将租金直接汇入农户的专用账户。同时,土地银行将土地转交给经营主体,由经营主体对土地开展生产经营活动;(5)审批备案与监督管理,土地流转的合同、项目内容由土地银行按照三级审批流程及时上报有关部门审批、备案,由村土地银行及时将各类资料整理归档,农业园区对土地银行各环节工作定期进行监督;(6)矛盾调解及仲裁,一旦土地流转过程中产生矛盾纠纷,由各村调委会及时介入进行调解,在矛盾双方同意调解的基础上,履行职责进行矛盾纠纷的化解,同时成立了土地仲裁委员会,在调解不成或双方当事人不愿意调解时,进行土地矛盾纠纷仲裁,减少土地流转存在的合同履行问题。

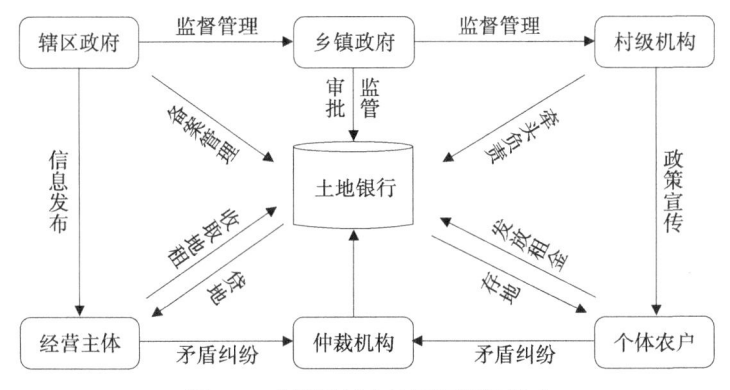

图9-2 典型区域土地银行运行模式

由于诸多现实原因,现实中仅有政府主导才能顺利推动土地大规模流转,政府在各环节应当作为积极的参与者,引导企业与农户达成协议,发展规模化经营。为此,杨陵区政府高度重视,相继出台了《关于现代农业示范园区土地流转有关问题的规定》《关于组建土地银行加快现代农业示范区土地流转工作的实施意见》等指导性文件,同时政府积极引导农业专家、科教人员通过开办讲座、深入田间地头免费讲授,拓宽经营主体发展思路。

案例2: 公主岭"互联网+土地银行"模式

2016年8月,吉林省公主岭市成立国有控股的土地资产经营集团有限公司,依据土地流转政策,吸引农户以土地资产入股。村民以土地承包经营权入股土地股份合作社,使土地承包经营权和宅基地使用权资本化、股权化,通过土地流转交易中心与农业现代化公司依法签订土地流转与入股协议(梁祎,2020)。

在政府引导下,依托农民专业合作社,结合互联网发展线上交易平台。互联网作为农村土地流转综合服务平台,有效缓解土地流转信息不对称的问题,实现产权交易、资产评估、法律鉴证,以及物权融资等综合功能。政府、银行,以及互联网的合作,顺应农民保留土地承包权、流转土地经营权的意愿,帮助农民通过土地经营权与企业进行股份化合作,在保障农民权益的同时增加了农民财产性收益。公主岭市土地银行划分成3个子公司,即农村产权交易中心、农业现代化开发有限公司和新型城镇化置业有限公司。

二、小块并大块

案例1: 龙州小块并大块模式

广西壮族自治区崇左市龙州县农民自主型小块并大块土地整治模式是指为适应农业规模化经营,在政府相关政策支持下,农民自行发起的通过清理同一区域内地块田埂、田间小道和灌排沟渠,将零散地块整合成大片地块,再重新进行分配的模式。小块并大块土地整治原则:坚持家庭联产承包责任制;不减少原有耕地面积;经村民大会讨论,三分之二以上成员同意;农户原有土地承包面积不改变,只改变地块空间位置;进行农村土地承包经营权证书变更登记(张蚌蚌等,2019)。

实践方法:(1)召开村民大会,村干部向村民阐述小块并大块的正面效应;(2)成立工作小组,制定规划相关草案,比如包括小块并大块(权属调整)的方式、起点和终点,规划道路和沟渠的数量、起点、走向和终点,耕地质量等级划分,并地之后的分配方式等;(3)召开村民大会讨论规划方案,听取村民意见;(4)丈量耕地面积,反映每个村民承包地块的面积和位置;(5)公示规划方案;(6)签订相关协议;(7)抽签决定小块并大块后农户承包耕地的位置;(8)按顺序分地,并登记备案。

实践路径:"自上而下"是广西壮族自治区"以奖代补"政策创新。依据广西壮族自治区政府2014年颁布的《自治区小块并大块耕地整治以奖代补专项资金管理暂行办法》,设立专项资金用于小块并大块耕地整治工作的奖补,奖补对象包括自筹资金、以投工投劳或以物折资等方式自发进行小块并大块整治的农村集体经济组织或农民,以及开展以田(地)块归并平整、土地经营权流转和田(地)块配套基础设施建设等达到一定规模的连片耕地整治,并申请自治区财政给予资金奖补的农业经营主体。实施统一的奖补标准,包括土地平整工程奖补和田间基础设施配套建设奖补等相应标准(张蚌蚌等,2019)。由"自下而上"农民自主进行土地整治与"自上而下"政府土地整治工程政策支持相结合,具体路径如图9-3所示。

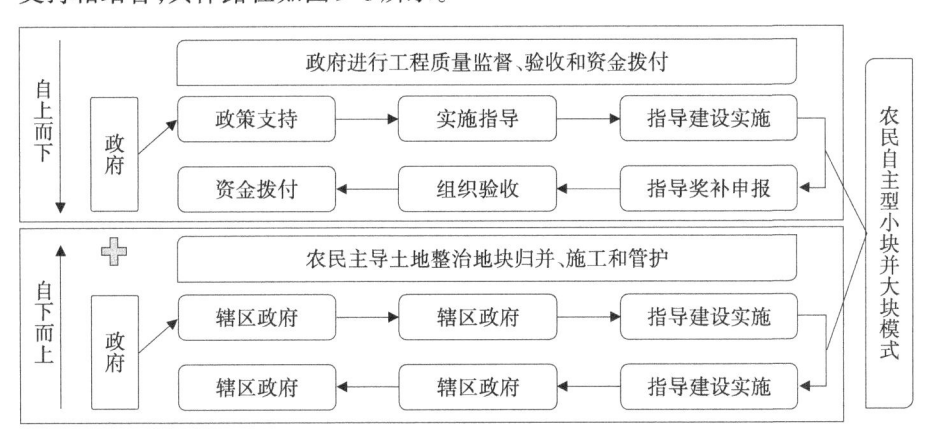

图9-3 广西壮族自治区崇左市龙州县农民自主型小块并大块土地整治模式实践路径

注:图9-3来自《广西农民自主型细碎化耕地归并整治模式及效果评价》,农业工程学报,2019,35(09):265-274.

当前,广西壮族自治区农民自主型小块并大块模式仍存在一些问题,比如农民观念不一,土地权属调整难度大;政府投入资金不足,耕地整治难度较大;地表农作物补偿标准难统一,且对未收成的农作物难以进行补偿;政府权责界定不清,监督引导作用弱,村集体缺少一定的自主治理能力。

案例2:梧州小块并大块土地整治模式

广西壮族自治区梧州市小块并大块发展蔬菜规模种植,引进农业龙头企业,积极探索"政府+部门+公司+基地+农户"的土地整治新模式(黎俊彦等,2014)。主要实践路径与方法包括:首先,土地整治项目和农业龙头公司规划"无缝"对接。土地整治项目和引进农业龙头公司同时进行。比如蒙山县龙定村投入5100万元全面推进土地整治,在此期间,引进广西港安农业发展有限公司,从项目勘测和规划设计入手,将现代农业生产的技术要求和生产要素融入设计理念,避免重复投资,打造一个连片3000亩供应中国香港市场的绿色无公害蔬菜、瓜果基地。对原有蔬菜基地进行土地平整,升级道路和农业基础设施,扩大原有蔬菜基地的生产规模。比如梧州市郊大自然农业生态园,以土地承包经营权的流转方式,租赁村民土地近1100亩用于建园,国土资源局立项进行土地整治,生态园对接国土资源局的规划设计,扩大原有蔬菜种植面积。

其次,促进土地承包经营权的流转。农业龙头公司以租赁的方式,实现农户土地承包经营权的流转,实现小块并大块,比如蒙山县供港蔬菜认证基地,但在推进土地整治项目过程中存在部分农户不同意土地流转的情况,主要有流转后的收益情况、土地规模种植情况和流转后群众发展出路等顾虑。为了解决这些问题,以村组为单位召开座谈会,让村民知晓流转土地的收益情况,使村民意愿和专家意见、农业龙头公司和村民租地租金方面达成一致后签订协议,村民配合项目的实施;聘请村民作为项目质量监督员,协调工作实施。

再次,注重生态环境的保护问题。与新农村建设相结合,统筹安排田、水、路、林、村的综合整治,切实改善农民的生产和生活条件;与旱涝灾害防治相结合,积极引领龙头企业进行农业产业化综合开发,推进区域化布局;与生态环境保护相结合,突出绿色生态建设,不填河、不毁林,不破坏生态环境;与治理荒山荒坡相结合,做到"宜耕则耕"、"宜果则果"和"宜林则林"。

最后,建立小块并大块奖励补偿机制。结合高标准农田建设,鼓励专业大户、家庭农场、农民合作社和农业企业参与耕地整治并给予相应奖励与补贴等。

三、一块田改革

案例1:濉溪一村一块田改革

安徽省淮北市濉溪县推动与开展的一村一块田改革(傅天一和郑言,2020),其实践路径如下:

(1)村民从"要我变"到"我要变"。发挥村干部引领作用,创新成立由"村民理事会"成员、村民代表和"五老"人员组成的小田并大田工作组,并选取数名公道正派、威望较高的热心群众代表全程参与,积极做好群众思想工作。算清收入账、成本账和精力账三笔账。在收入上,改革后亩均土地流转价格可提高400~600元,就近务工每人每年增收可超过5000元;在成本上,改革后机械化耕作更为便利,亩均耕种成本可减少60~80元,户均每年节约资金400元左右;在精力上,改革后地块整合,村民自种耕地劳动时间可减少3~4天。保持家庭承包经营制度不变,农村土地集体所有性质不变和原承包人口基数和土地承包面积不变,保证做到"增人不增地、减人不减地",从根本上保障村民利益不受损失,彻底打消了村民的合并田地的顾虑。

(2)从一户多块田到一村一块田。各村民组选出村民代表,对耕地面积进行重新丈量并公示,摸清地块数目、实有面积,以及道路、沟渠、机井等情况,为后期地块合并提供基础准备;针对坟墓、养殖场等地面附属物迁移难的问题,结合殡葬改革,采取"群众选墓地、政府出资建"的方式建成多个微型公墓,通过党员干部带头迁坟,全村1800余座坟墓全部迁移;按照村庄规划,结合畜禽养殖规范治理,给予搬迁补助,帮助三个养殖场迁到集中养殖区。针对原种粮大户阻挠和部分群众土地情结深、不愿并地的问题,通过宣讲政策、协商调解、引导重新承包等办法予以解决,实现多方满意。一改分田到户的传统做法,通过召开党员代表大会、村民代表大会征求意见,集体议定按照各户土地确权的法定承包面积,采取"全村一块田、到册不到户"的并地模式,将6000余块小田整合成一块1.1万亩的大田。

(3)从"低效田"到"优质田"。在完成"小田并大田"的基础上,庙前村经过多方考察,聘请中科大数字农业研究中心专家,编制庙前村高标准农田示范区现代农业发展规划,着力打造淮北农业现代化样板区、数字化高标准农田核心区、绿色生产方式先行区;发挥高标准农田建设项目资金作用,采取"六统一"模式(统一招标采购、统一合同管理、统一质量标准、统一检查验收、统一监督管理、统一上图入库),实行田、土、水、路、林、电、技、管综合配套,通过秸秆还田、深松深耕、增施有机肥、一体化节水灌溉,提高耕地质量。整治后,庙前村测土配方施肥技术覆盖率达100%,耕作层增厚10厘米以上,土壤有机含量平均每千克增加5克以上,耕地质量提高0.5个等级;按照"谁受益、谁管护,谁使用、谁管护"原则,探索建立农田建设工程运营管护机制。

(4)从"家庭承包"到"企业经营"。庙前村合作社与村民签订每年每亩1000元的承包协议后,运用市场化运作模式,将全村土地整体打包推向市场,原价转租给国内现代农业领军企业中化现代农业有限公司,由公司运用先进农业技术进行耕种。"两强"并施,让土地多产粮。实施科技强农,加大"智慧农业"建设力度,采用先进的BIM技术、农业数字化、物联网等前沿科技,建设农业数字化云平台,实现土地信息化、智能化管理;实施机械强农,全程使用大型机械进行耕地、播种、施肥、灌溉、喷洒农药等,实现亩均增产逾50千克、同比增长10%;从村民收益看,仅土地流转一项,每年亩均增收400元以上,全村每年增收达475万元。从村集体收益看,地块合并后新增有效耕地747亩、年租金收益为74.7万元,年度增托管服务费20万元,2022年村级集体收入有望达到120万元。从企业收益看,公司通过集约化、科学化经营,综合运用缓释、生态种植等技术,肥料和农药使用效率分别提高20%和30%,亩均节约成本增效300多元。

案例2:蚌埠一户一块田探索

安徽省蚌埠市殷尚村邵东组一户一块田探索,即村民自愿、自主将各户零散的耕地进行丈量、整合和重新分配,使每户得到一块完整的大田(韩永廷,2018)。

一户一块田模式的实践路径是,村民自发商议成立组织,寻找政策法律依据,争取乡村两级支持,研究制定"化零为整"方案。通过丈量土地、抽签换地、登记造册,公平公正地把过于零散的承包地重新合并确权到户,形成户均一块田的耕种模式。2014年,殷尚村合并地块确权工作全面完成,20户原168块土地合并成21块,各户的地块面积达到十几亩到30多亩,成方连片,界碑清晰,田间道路平坦,沟渠通畅。到2016年底,殷尚村14个村民组完成一户一块田改革,合并地块面积9000多亩,占全村耕地面积75%以上。2016年6月,蚌埠市农业委员会专门下发《关于扩大农户互换并地实现一块田承包经营试点工作指导意见》,进一步明确支持一户一块田改革。

四、破田坎改革

案例1:贞丰破田坎改革

贵州省黔西南布依族苗族自治州贞丰县龙场镇因地制宜结合山村地理区位优势,整合土地资源对门山村进行破田坎改革发展高效农业。主要实施路径包括如下:

(1)做好村民思想工作。起初,村两委开始提出土地流转时,因害怕与邻居家的土地难以分清界限,村里多数老人反对。之后,成立领导班子,转变传统观念,打消村民关于破田坎后难以分清土地界限的顾虑,向村民宣传惠民政策和流转土地的效益等;(2)带动村民破除田坎,实现土地集中连片;(3)引进相关公司和企业进村,促进农业产业发展,建设茶叶基地、蔬菜种植大棚和食用菌产业基地;(4)引导村民就近务工。村民将土地全部流转给合作社后,就近在基地务工,既得到土地流转金,又有务工工资。

案例2:绥阳破田坎改革

贵州省遵义市绥阳县蒲风坝区破田坎创造特色产业大坝(王新伟,2020)。主要实施路径包括:(1)蒲场、风华两个乡镇成立联合党委,引领产业规范化高效化发展,按照"地域相邻、产业相近"原则,将两个乡镇200多户农民地块田坎界限打破,在万亩果蔬园里种上了猕猴桃、李子等10多种水果,在果林下种植蔬菜、辣椒70亩。(2)引领产业规范高效发展。当前,全县18个500亩以上坝区完成产业结构调整面积74000亩,金银花、烤烟、红高粱、蔬菜、运输、制造、销售等特色产业和行业亩产值达1.8万元,覆盖群众3.6万余户,带动14万余名农民增收致富。

五、服务规模化

案例1:"保姆式"全托管和"菜单式"半托管模式

2013年,山东省高密市供销社开展以"保姆式"全托管和"菜单式"半托管为主要形式,以为农服务为中心,着力打造"三千米土地托管服务圈",加快构建综合性、规模化、可持续的为农服务体系;2015年,高密市供销合作社已建成为农服务中心15处,土地托管服务面积达40万亩,累计实施一喷三防、深耕深松等承接政府购买服务的面积近100万亩;2016年增建14处为农服务中心,实现为农服务中心"全覆盖"(王蔚等,2017)。

当前,高密市"保姆式"全托管和"菜单式"半托管面临的主要问题:(1)土地全程托管实施难度大。对于技术性低、难度小、消耗时间短的农业生产环节,农户更倾向由自己完成,以节省农业支出,增加农业收入。部分土地耕作环节容易产生纠纷,农户不放心委托合作社或农机公司来管理。以浇水环节为例,因为浇水环节所需时间特殊、短暂,错过特定的浇水时间段就会对农业产量产生巨大的影响,且农户担心委托他人来浇水会产生只做表面工作而不将耕地浇透,因此大部分农户都选择自己浇水而不委托供销社;(2)各涉农部门联系不够紧密。由于职责和分工不同,各涉农部门仅仅关注自己部门所负责的相关工作,而不是从整个土地托管的全局角度出发具体实施作物托管的有关工作;(3)土地托管主体竞争加剧。社会各农业社会服务主体加入土地托管的服务体系中以占据一定的市场,争得相关的市场利益。而供销社作为土地托管先行者在面对市场竞争时,必定在一定程度上降低服务价格,减少所获取的利润。在保证服务质量的基础上,农业服务人员的收入减少,会导致他们的工作积极性下降,放缓进一步土地托管的进程,影响中国农业规模化的发展。

案例2:"农业服务专业合作社"模式

江苏省宜兴市兴阳农业服务专业合作社服务性与经营性并重,自成立以来,服务范围从单一农机作业服务,拓展到农资产品经营、机械维修和机插、机耕、植保、机收、谷物烘干等粮食生产全程机械化各环节(叶红谏等,2018)。

农业服务专业合作社的主要实践路径:(1)流转土地,扩大经营规模。通过承包、租赁、互换、流转、股份合作等形式,合作社在五年时间里将土地经营面积从600亩扩大到现在的近1000亩,生产实行统一供种供肥、统一作业、统一管理服务,实现耕种收全程机械化;(2)开展菜单式服务、托管服务和融合型服务。合作社与农户签订作业协议,明确服务范围、服务标准及服务收费等服务内容,按照协议开展机械作业服务,满足周边乡镇20000亩农田作业需求;成立宜兴市田保姆农业服务专业合作联社开展耕种收"一条龙"服务,深受农户欢迎;(3)推动农业生产全程机械化。当前合作社已建成并投入使用"育秧中心"2个,与多家种田大户进行对接,机械插秧面积扩大到30000亩以上。拥有一个"粮食烘干中心",每季烘干能力超过50000亩。为降低烘干成本,实现节能环保要求,"烘干中心"全部采用热电厂蒸气供热,一次性建设到位;(4)强化"飞防"队伍建设。2018年,合作社将在原有10架无人植保飞机的基础上,再增添50架无人机,力争将单次植保服务面积扩大至10000亩;同时,按照"减次用药,提升品质"原则,实施规模化统防统治植保服务,实现"人—药"分离,保护作业人员的施药安全,节约农药、人工成本。

第四节 本章小结

农业效率低下的症结在于土地经营规模过小,机械化受限,农业劳动生产率的提高速度赶不上劳动力成本上涨速度。近年来,全国各级政府也一直致力于推动农业规模化经营,但效果并不显著。究其原因,通过经营权流转扩大经营规模遇到了产权地块过于细碎的障碍,使得土地流转过程中面临过高的交易费用。当前,农村耕地实行土地所有权、承包权、经营权的"三权分置"制度,土地所有权和承包权不允许流转,可入市流转的仅为土地经营权。流入方对土地原有的附着物、田坎、基础设施都难以处置,也不利于后续的土地改良等方面的投资。因而,土地流转合同多呈现出短期与非正式的特征,造成交易频次、监督成本、议价成本的增加,而地块的细碎无疑又成倍地增加了这些交易费用。

为了降低土地流转过程中的交易费用,政府已建立和完善山区县以乡镇为网络节点、低成本的农地流转服务中介,定期发布土地流转有关信息,同时建立土地流转纠纷协调机制,降低流转过程中的事前和事中交易费用。统计显示,截至2015年,中国乡镇土地流转服务中介接近20000个,其中西部地区和丘陵山区的土地流转中介数量远远少于东中部及平原地区,引进土地流转中介可在一定程度上完善土地流转市场,降低参与双方的交易成本。

除此之外,自城镇化和工业化迅速发展以来,多数国家和地区开始推动农业规模化经营,本章节系统性梳理了国外诸如美国和日本农业规模化的规律与模式,为中国农业规模经营提供国外经验。近年中国各地也逐渐意识到现行土地制度造成耕地细碎化对发展规模化经营的限制,基层组织开始自发探索相应促进耕地规模经营的方式,比如杨凌的土地银行,广西的小块并大块改革,安徽的一村一块田、一户一块田改革,贵州绥阳的破田坎,以及服务规模化等模式,以降低土地流转过程中的交易成本。

第十章 结论与展望

第一节 结论与启示

一、主要结论

虽然中国的城镇化和工业化整体迈入了后期发展阶段,但农业依然以小农经济为主体。农业经营规模偏小,生产效率低下,劳动生产率甚至不及美国等发达国家的1%,这种低效的农业主要依靠政府的高额财政补贴和贸易壁垒保护来维持。近年经济下行,全国财政收入增速放缓,但用于"农林水"的补贴支出却逐年增加。2019—2021年,全国一般公共预算"农林水"支出分别为22420亿元、23482亿元和24976亿元,分别占当年财政预算收入的11.77%、12.83%和12.33%,即每年用于"农林水"的补贴支出超过当年财政预算收入的1/10。如果简单地按照中国耕地面积20亿亩计算,那么每亩耕地的补贴额度已超过1200元,过高的农业补贴已成为国家财政的一项沉重负担。

农业效率低下的症结在于农业经营规模偏小与机械化受限,农业劳动生产率的提高速度赶不上劳动力成本和各种要素价格的上涨速度。随着城镇化、工业化和农业现代化的快速推进,大量农村劳动力流出,农业技术装备水平的升级换代,农户家庭承包土地经营权的流转不断加速,发展适度规模经营已成为必然趋势。实践证明,土地流转是实现农业适度规模经营的必由之路。近年来,虽然各级政府也在积极引导家庭承包土地经营权的流转,推动农业规模化经营,但效果并不明显。究其原因是现行的土地制度使得土地流转中面临"高昂"的交易费用,造成农业规模经营的难以实现。那么,当前中国土地流转存在哪些特征与多大阻碍?土地流转中的交易费用到底有多大?

农业适度规模经营的"适度"应该如何确定？以及如何系统性降低土地流转过程中的交易费用？

为了回答以上问题，本研究基于中国农村家庭追踪调查数据库、农村固定观察点数据库，以及典型案例区调研数据等多套资料，采用数理统计和计量经济学模型等方法，系统揭示当前中国农村土地流转的特征与驱动因素，并测算土地流转过程中的交易费用规模及其对土地流转的效应；在此基础上，探究耕地经营规模对农业生产成本的影响，量化不同目标下农户家庭的"适度"经营规模，并梳理国内外不同地区实现适度规模经营的改革模式，以期促进中国农村土地流转和农业适度规模经营的实现，有助于深化农村"三权分置"土地改革的认识，以及提升国家粮食安全。本研究主要结论如下：

（1）2005—2020年，中国农村土地流转规模和比例不断上升，土地流转面积从初期的0.55亿亩，增长至2020年的5.43亿亩，相应的流转比例从4.57%上升至38.50%，其中东部沿海地区的土地流转比例较高，而中西部地区的土地流转比例较低。当前，土地流转多集中在普通农户家庭之间，流转期限普遍较短（多数未约定流转期限），流转的土地具有明显的"非粮化"倾向，"非粮化"占比为1/4；同时，亩均土地流转租金介于459.85～649.96元，在已发生流转的土地中，大约40%处于"零租金"流转的状态，丘陵山区"零租金"流转比例更高（甚至超过60%）。不同地区土地流转比例和租金存在较大差异，究其根源是受地块、家庭和村庄三个层次多种因素的综合作用，其中村庄层面的数字化程度（互联网普及率）、城乡劳动力迁移（村庄劳动力外迁比例）、乡村通达度（通往县城中心的道路数量）、乡村产业发展、土地流转市场发育程度，以及城乡养老保障制度等均显著影响农户家庭的土地流转决策。

（2）当前，中国农村土地流转过程中存在较高的交易费用。以货币计算，亩均土地流转的交易费用为158.05元，占亩均土地流转租金的28.48%；以时间计算，亩均土地流转花费1.32个月。相对应的是，中国农村土地流转中存在大量"零租金"流转的行为，典型案例区"零租金"流转比例介于2/5～3/5之间；丘陵山区土地"零租金"流转的比例更高，部分山区甚至高达90%，且多数流转给了亲人或熟人耕种。理论推断和实证分析均表明，土地流转过程中偏高的交易费用是导致土地"零租金"流转的重要原因，事前、事中和事后交易费用的降低均能显著降低土地"零租金"流转的发生率。

（3）随着乡村大量劳动力析出，不同地区土地利用方式发生了显著变化，平原和山区农户的耕地资产呈现出不同特征。2020年，平原地区的土地租金在粮食生产总成本中的比重高达37.84%，耕地流转租金已经超过了粮食生产所能承担的合理水平，表现出耕地过度资本化的现象；相反，山区则存在大量耕地"零租金"流转和撂荒等现象，表现出耕地资产"贬值"的现象。耕地过度资本化与耕地"贬值"的根源在于劳动力成本不断攀升，平原可以采用机械化替代，实现规模化经营，耕地租金不断上涨，而山区无法实现机械替代，农业经营成本持续上涨，导致了山区耕地"零租金"流转、耕地撂荒等边际化现象，已对粮食安全和农户生计可持续产生威胁，政府需采取适当措施，应对由此带来的一系列问题。

（4）为了降低农业经营成本和提高农业劳动生产率，农户家庭必须适度扩大耕地经营规模。若从降低农业经营成本和提高农业劳动生产率的角度来看，当前全国整体上户均所需耕地经营规模应分别为212.73亩和211.26亩。若从实现当地户均收入水平的角度来看，全国整体和三大主粮作物区户均所需耕地经营规模应分别为240.56亩和140.21亩。总之，若想单纯从事农业生产经营，农户必须扩大耕地经营面积，对于主粮作物区的农户而言，户均最优"适度"经营面积约为140亩，而全国整体上应超过200亩。

（5）自城镇化和工业化迅速发展以来，多数国家和地区也开始推动农业规模化经营，比如美国、加拿大、日本、韩国等国家及中国台湾等地区。为了降低土地流转过程中的交易费用，政府应建立和完善以乡镇为网络节点的土地流转服务中介，定期发布土地流转有关信息，同时建立土地流转纠纷协调机制，降低流转过程中的事前和事中交易费用。与此同时，近年全国各地也逐渐意识到现行土地制度造成耕地细碎化对发展规模化经营的限制，基层组织开始自发探索相应促进耕地规模经营的方式，比如，土地银行、小块并大块、一块田、破田坎，以及服务规模化等多种形式改革，这些实践的本质均为降低耕地细碎化程度，以降低土地流转过程中的交易成本。

二、政策启示

中国现行的土地制度使得土地流转过程中面临偏高的交易费用，难以实现农业规模化经营。已有报道显示，目前中国仅有1%经营户的耕地面积大于50亩,80%以上经营户的耕地面积不足10亩。2015年,每个家庭农场平均经营的地块数为34块,要形成一个"适度"规模的家庭农场,平均需要与47个小农户进行土地流转交易。中国科学院"新时期国民营养与粮食安全战略研究"项目组的调研显示,山东省每个规模户平均需要与59个小农户进行土地流转交易,而完成这些交易需要半年以上的时间,而且这些规模户平均耕地面积仅为128亩,不及规模户预期值的一半,多数规模户仍有扩大耕地面积的意愿。而在安徽,一个家庭农场甚至需要与接近1000个农户进行土地流转交易。可以推断,丘陵山区的情况更加严重。近年来,各地也逐渐意识到耕地细碎化对发展规模化经营的限制,基层组织开始自发探索相应促进耕地规模经营的方式,比如土地银行、小块并大块、一块田、破田坎,以及服务规模化等多种形式改革实质都是降低耕地细碎程度,以降低土地流转过程中的交易成本。农地制度的改革应努力降低土地流转过程中交易双方所面临的各种交易成本,主要改革方向为:

第一,积极推动农村土地流转市场改革。

加快土地确权工作,应尽快开展和完成农地确权工作,保障地权稳定性,降低流转双方因事后交易费用偏高而降低双方的租金收益;建立和完善以乡镇为网络节点、低成本的土地流转服务中介,定期发布土地流转相关信息;同时建立土地流转纠纷协调机制,降低流转过程中的事前和事中交易费用;积极引导土地流转双方签订具有法律效力的书面流转合同,比如合同中写清承包土地经营权的流转期限、流转租金、支付方法和后期纠纷解决方式等条款,降低合同履约成本。

第二,适度推动乡村全域土地综合整治。

各地基层组织自发的土地改革表明,家庭联产承包责任制造成的耕地"破碎化"已经严重制约了农业规模化和现代化的推进,一定程度上制约了当前农业生产力的发展。小块并大块、一块田,以及破田坎等改革要求政府必须开展全域范围内的土地综合整治,统筹推进耕地质量提升和农田基础设施建设,降低耕地"碎片化",提高耕地连片度,系统性增加耕地数量、提高耕地质量和改善农田生态环境,降低土地流转中的交易费用,实现土地资源的优化配置。

第三,因地制宜确定"适度"规模经营标准。

家庭农场必须达到一定规模才能实现规模效益,但绝不是越大越好。国内外的理论和实证均表明,土地经营规模过大会影响土地产出率和农民就业,不利于农业增产、农民增收和粮食安全。但是,中国地域辽阔,因各地的地形地貌、社会经济,以及产业特征等存在显著差异,难以给出适用于全国范围的"适度"规模。因而,各地应积极按当地自然、社会和经济条件给出适合本地的"适度"规模标准。

第二节　不足与展望

其一,土地流转过程中交易费用的测算可能会存在一定偏差。在计算土地流转过程中的交易费用时,本研究是基于农村家庭追踪调查中的多项指标("除了支付租金外,您为土地流转还花费了多少钱?"和"除了支付租金外,您为土地流转花费了多少时间?")估算得到的。该方法虽然直观、便捷和易于理解,但可能会因为样本选择偏误而低估或高估交易费用的规模。接下来,我们将借助交易费用测算模型进一步估算土地流转过程中的交易费用规模,以期系统降低土地流转中的交易费用。

其二,本研究仅估算了全国层面户均最优的"适度"经营规模,比如户均耕地经营规模应为211~241亩,而全国三大主粮作物区的户均最优"适度"经营规模约为140亩。然而,中国地域辽阔,因各地自然地貌、地理区位、产业特征,以及社会经济状态等存在显著差异,全国层面的户均"适度"经营规模难以适用于各个地区,因而对多数地区的借鉴意义可能不大。但是,本研究提出了估算户均最优"适度"经营规模的方法,为各地区农户家庭"适度"经营规模的确定提供了参考与借鉴。

参考文献

[1] Benjamin, D., Brandt, L. Property rights, labour markets, and efficiency in a transition economy: The case of rural China[J]. Canadian Journal of Economics/Revue Canadienne d'économique, 2002, 35(4): 689-716.

[2] Certo, S., Busenbark, J., Woo, H., et al. Sample selection bias and Heckman models in strategic management research[J]. Strategic Management Journal, 2016, 37(13): 2639-2657.

[3] Deininger, K., Jin, S. Land sales and rental markets in transition: Evidence from rural Vietnam[J]. Oxford Bulletin of Economics and Statistics, 2008, 70(1): 67-101.

[4] Deininger, K., Jin, S., Nagarajan, H. Efficiency and equity impacts of rural land rental restrictions: Evidence from India[J]. European Economic Review, 2008, 52(5): 892-918.

[5] Deininger, K., Savastano, S., Carletto, C. Land fragmentation, cropland abandonment, and land market operation in Albania[J]. World Development, 2012, 40(10): 2108-2122.

[6] Demetriou, D., Stillwell, J., See, L. A new methodology for measuring land fragmentation[J]. Computers, Environment and Urban Systems, 2013, 39: 71-80.

[7] Gao, J., Song, G., Sun, X. Does labor migration affect rural land transfer? Evidence from China[J]. Land Use Policy, 2020, 99: 105096.

[8] Gao, L., Huang, J., Rozelle, S. Rental markets for cultivated land and agricultural investments in China[J]. Agricultural Economics, 2012, 43(4): 391-403.

[9] Heckman, J. Sample specification bias as a selection error[J]. Econometrica, 1979, 47(1): 153-162.

[10] Huy, H.T., Lyne, M., Ratna, N., et al. Drivers of transaction costs affecting participation in the rental market for cropland in Vietnam[J]. Australian Journal of Agricultural and Resource Economics, 2016, 60(3): 476-492.

[11]Jin, S., Jayne, T. S.Land rental markets in Kenya: Implications for efficiency, equity, household income, and poverty[J]. Land Economics, 2013, 89(2): 246-271.

[12]Jin, S., Deininger, K. Land rental markets in the process of rural structural transformation: Productivity and equity impacts from China[J]. Journal of Comparative Economics, 2009, 37(4): 629-646.

[13]Chen, L. The development progress and innovation ways of rural collective construction land transfer in China [J]. Agricultural History of China, 2008, 2: 10.

[14]Lence, S.H.Farmland prices in the presence of transaction costs: A cautionary note [J]. American Journal of Agricultural Economics, 2001, 83 (4): 985-992.

[15]Li, S., Li, X., Sun, L., et al. An estimation of the extent of cropland abandonment in mountainous regions of China[J]. Land Degradation & Development, 2018, 29(5): 1327-1342.

[16]Müller, D., Leitão, P.J., Sikor, T. Comparing the determinants of cropland abandonment in Albania and Romania using boosted regression trees[J]. Agricultural Systems, 2013, 117: 66-77.

[17]Cheung, Steven N.S.The theory of share tencacy with special application to Asian agriculture and the first phase of Taiwan Land Reform[M]. Chicago: The University of Chicago, 1969.

[18]Ortyl, B., Kasprzyk, I. Land abandonment and restoration in the polish Carpathians after accession to the European Union[J]. Environmental Science & Policy, 2022, 132: 160-170.

[19]Otsuka, K. Efficiency and equity effects of land markets[J]. Handbook of Agricultural Economics, 2007, 3: 2671-2703.

[20] Skoufias, E. Household resources, transaction costs, and adjustment through land tenancy[J]. Land Economics, 1995, 71(1): 42-56.

[21]Sun, A., Yang, S. The Study on urban-rural land transfer system reform in

the process of new urbanization[J]. *Proceedings of the 20th International Symposium on Advancement of Construction Management and Real Estate*, 2017, pp.39-49.

[22] Swinnen, J., Ciaian, P., Kancs, A. Study on the functioning of land markets in the EU member states under the influence of measures applied under the common agricultural policy, EERI Research Paper Series, 2008.

[23] Teklu, T., Lemi, A. Factors affecting entry and intensity in informal rental land markets in Southern Ethiopian highlands[J]. Agricultural Economics, 2004, 30(2): 117-128.

[24] Vranken, L., Swinnen, J. Land rental markets in transition: Theory and evidence from Hungary[J]. World Development, 2006, 34(3): 481-500.

[25] Wang, G., Liu, B.G., Xu, M. Above-and belowground dynamics of plant community succession following abandonment of farmland on the Loess Plateau, China[J]. Plant and Soil, 2009, 316(1-2): 227-239.

[26] Wang, Y., Li, X., Li, W., et al. Land titling program and farmland rental market participation in China: Evidence from pilot provinces[J]. Land Use Policy, 2018, 74: 281-290.

[27] Wang, Y., Li, X., Lu, D., et al. Evaluating the impact of land fragmentation on the cost of agricultural operation in the southwest mountainous areas of China[J]. Land Use Policy, 2020, 99: 105099.

[28] Wang, Y., Li, X., Xin, L., et al. Farmland marginalization and its drivers in mountainous areas of China[J]. Science of The Total Environment, 2020, 719: 135132.

[29] Wang, Y., Li, X., Xin, L., et al. Spatiotemporal changes in Chinese land circulation between 2003 and 2013[J]. Journal of Geographical Sciences, 2018, 28(6): 707-724.

[30] Wang, Y., Li, X., Xin, L., et al. Impact of land use rights transfer on household labor productivity: A study applying propensity score matching in Chongqing, China[J]. Sustainability, 2017, 9(1): 4.

[31] Wang, Y., Xin, L., Zhang, H., et al. An estimation of the extent of rent-

free farmland transfer and its driving forces in rural China: A multilevel logit model analysis[J]. Sustainability,2019,11(11): 3161.

[32]Williamson, O. E. Transaction-cost economics: The governance of contractual relations[J]. Journal of Law & Economics,1979,22(2): 233-261.

[33]Williamson, O. E. Ootsourcing: Transaction cost economics and supply chain management[J]. Journal of Supply Chain Management,2008,44(2): 5-16.

[34]Xie, H., Lu, H. Impact of land fragmentation and non-agricultural labor supply on circulation of agricultural land management rights[J]. Land Use Policy, 2017,68: 355-364.

[35]Xu, Y., Xin, L., Li, X., et al. Exploring a moderate operation scale in China's grain production: A perspective on the costs of machinery services[J]. Sustainability,2019,11(8): 2213.

[36]Yan, J., Yang, Z., Li, X., et al. Drivers of cropland abandonment in mountainous areas: A household decision model on farming scale in Southwest China [J]. Land Use Policy,2016,57: 459-469.

[37]Yin, H., Brandao, A., Buchner, J., et al. Monitoring cropland abandonment with Landsat time series[J]. Remote Sensing of Environment, 2020, 246: 111873.

[38]Yu, X., Yin, X., Liu, Y., et al. Do agricultural machinery services facilitate land transfer? Evidence from rice farmers in Sichuan Province, China[J]. Land, 2021,10(5): 466.

[39]Zhang, Y., Li, X., Song, W. Determinants of cropland abandonment at the parcel, household and village levels in mountain areas of China: A multi-level analysis[J]. Land Use Policy,2014,41: 186-192.

[40]Zhang, Y., Li, X., Song, W., et al. Land abandonment under rural restructuring in China explained from a cost-benefit perspective[J]. Journal of Rural Studies,2016,47: 524-532.

[41]Zhou, H., Yan, J., Lei, K., et al. Labor migration and the decoupling of the crop-livestock system in a rural mountainous area: Evidence from Chongqing, China[J]. Land Use Policy,2020,99: 105088.

[42]陈朝兵.农村土地"三权分置":功能作用、权能划分与制度构建[J].

中国人口·资源与环境,2016,26(04): 135-141.

[43]陈杰,苏群.土地生产率视角下的中国土地适度规模经营——基于2010年全国农村固定观察点数据[J].南京农业大学学报(社会科学版),2016,16(06): 121-130+155-156.

[44]陈美球,徐星璐,朱美英.农户对农村宅基地流转的认知与意愿——基于江西省254户农户调查[J].热带地理,2014,34(04): 505-510.

[45]陈荣源,林文声.农产品价格政策、农地流转租金与农业经营规模——来自2011—2018年CHARLS调查的证据[J].湖南农业大学学报(社会科学版),2022,23(04): 28-36.

[46]陈威廷,刘凤莲.耕地细碎化与农业全要素生产率的空间相关性探讨——以滇池流域39个乡镇为例[J].资源与人居环境,2022,(10): 40-45.

[47]陈奕山,钟甫宁,纪月清.为什么土地流转中存在零租金？——人情租视角的实证分析[J].中国农村观察,2017,(04): 43-56.

[48]陈宇斌,王森.土地流转政策对农业高质量发展的影响——基于连续型DID的实证分析[J].当代经济管理,2022,44(02): 49-57.

[49]程建,朱道林,张晖,等.过犹不及:土地资源资本化与实体经济发展[J].中国人口·资源与环境,2022,32(01): 116-126.

[50]程建,朱道林,赵江萌,等.中国土地资本化问题研究综述[J].资源科学,2022,44(02): 221-231.

[51]程军.土地依存与土地流转困境的突破——一个新型理论分析框架[J].云南社会科学,2020,(06): 29-34.

[52]程军,刘玉珍.农民的土地情感及其代际差异——基于土地流转的分析[J].山西农业大学学报(社会科学版),2021,20(04): 41-48.

[53]杜培华,欧名豪.农户土地流转行为影响因素的实证研究——以江苏省为例[J].国土资源科技管理,2008,25(01): 53-56.

[54]范怀超,白俊.我国农地流转中地方政府职能重塑探析——基于新型城镇化的视角[J].西华师范大学学报(哲学社会科学版),2017,(01): 77-84.

[55]范乔希,冉莉君.浅谈山区农地流转过程中零租金现象——以重庆市为例[J].中国统计,2018,(02): 63-65.

[56]冯华超,钟涨宝.新一轮农地确权促进了农地转出吗?[J].经济评论,2019,(02):48-59.

[57]冯娜娜,张忠明,石彦琴.新型合作农场:经济发达地区农地规模经营的逻辑与实践[J].中国农业资源与区划,2023,44(8):116-122.

[58]冯献,崔凯.日韩农地规模经营的发展及其对中国的启示[J].南方农业,2014,8(11):43-45.

[59]傅天一,郑言.在"田头尝到""甜头":——濉溪县"一村一块田"改革破解农业规模化发展难题[N].淮北日报,2022.DOI:10.28325/n.cnki.nhbra.2022.000753.

[60]高梦滔,张颖.小农户更有效率?——八省农村的经验证据[J].统计研究,2006,(08):21-26.

[61]郜亮亮.中国农户在农地流转市场上能否如愿以偿?——流转市场的交易成本考察[J].中国农村经济,2020,(03):78-96.

[62]郜亮亮.中国种植类家庭农场的土地形成及使用特征——基于全国31省(自治区、直辖市)2014-2018年监测数据[J].管理世界,2020,36(04):181-195.

[63]郭阳,徐志刚.耕地流转市场发育、资源禀赋与农地规模经营发展[J].中国农村经济,2021,(06):60-75.

[64]韩春旭,冯华超.农地确权可以助推土地规模经营吗?——基于交易费用的中介效应分析[J].新疆农垦经济,2022,(05):38-46.

[65]韩永廷.蚌埠"一户一块田"发展模式研究[J].理论建设,2018,(02):31-36.

[66]郝丽霞.基于农村土地流转的政府职能构建[J].农业经济,2013,(05):67-68.

[67]何秀荣.公司农场:中国农业微观组织的未来选择?[J].中国农村经济,2009,(11):4-16.

[68]何一鸣,罗必良.农地流转、交易费用与产权管制:理论范式与博弈分析[J].农村经济,2012,(01):7-12.

[69]洪银兴,王荣.农地"三权分置"背景下的土地流转研究[J].管理世界,2019,35(10):113-119+220.

[70]侯孟阳,邓元杰,姚顺波.城镇化、耕地集约利用与粮食生产——气候条件下有调节的中介效应[J].中国人口·资源与环境,2022,32(10):160-171.

[71]黄季焜.食品价格、通货膨胀和对策[J].中国金融,2008,(12):51-53.

[72]黄季焜,马恒运.中国主要农产品生产成本与主要国际竞争者的比较[J].中国农村经济,2000,(05):17-21.

[73]黄宗智.华北的小农经济与社会变迁[M].北京:法律出版社,2014.

[74]黄祖辉,王建英,陈志钢.非农就业、土地流转与土地细碎化对稻农技术效率的影响[J].中国农村经济,2014,(11):4-16.

[75]冀县卿,钱忠好,葛铁凡.交易费用、农地流转与新一轮农地制度改革——基于苏、桂、鄂、黑四省区农户调查数据的分析[J].江海学刊,2015,(02):83-89+238.

[76]姜梦露.论我国"三权分置"下的农村土地流转[J].中国市场,2022,(03):24-26.

[77]姜松,王钊.土地流转、适度规模经营与农民增收——基于重庆市数据实证[J].软科学,2012,09:75-79+3-4.

[78]蒋甲樱,李中,李祎萌,等.农村承包地确权对土地流转影响的实证分析[J].经济地理,2022,42(07):195-203.

[79]蒋敏,李秀彬,辛良杰,等.南方水稻复种指数变化对国家粮食产能的影响及其政策启示[J].地理学报,2019,74(01):32-43.

[80]蒋乃华.我国农业劳动生产率决定的实证分析及政策含义[J].中国农村观察,2004,(02):34-38+60-80.

[81]蒋省三,刘守英.土地资本化与农村工业化——广东省佛山市南海经济发展调查[J].管理世界,2003,(11):87-97.

[82]柯炼,汪小勤,陈地强.土地流转与农户收入增长——基于收入结构的视角[J].中国人口·资源与环境,2022,32(01):127-137.

[83]匡远配,陆钰凤.日本发展农业适度规模经营的经验[J].世界农业,2016,(10):197-202.

[84]匡远配,陆钰凤.我国农地流转"内卷化"陷阱及其出路[J].农业经济问题,2018,(09):33-43.

[85]匡远配,肖叶.基于供给侧结构性改革的农地流转有序性分析.农业现代化研究[J],2019,40(01):1-9.

[86]黎俊彦,莫国金,谭志凌.菜篮子的华丽升级——梧州市推行小块并大块发展蔬菜规模种植纪实[J].南方国土资源,2014,(03):10-12.

[87]李朝柱,石道金,文洪星.关系网络对土地流转行为及租金的影响——基于强、弱关系网络视角的分析[J].农业技术经济,2020,(07):106-116.

[88]李成民,苏洋,刘健.三权分置背景下农户土地流转现状、困境及对策建议——以南疆阿瓦提县为例[J].农村经济与科技,2019,30(24):16-17.

[89]李功奎,钟甫宁.农地细碎化、劳动力利用与农民收入——基于江苏省经济欠发达地区的实证研究[J].中国农村经济,2006,(04):42-48.

[90]李谷成,冯中朝,范丽霞.小农户真的更加具有效率吗?来自湖北省的经验证据[J].经济学(季刊),2010,9(01):95-124.

[91]李金峰,时书霞.级差地租影响下天水市果蔬产业空间区位选择——基于杜能农业区位论的实证分析[J].甘肃科技,2014,30(10):136-138.

[92]李琴.把握好农村土地适度规模经营的尺度[J].农村经营管理,2017,(03):33.

[93]李升发,李秀彬,辛良杰,等.中国山区耕地撂荒程度及空间分布——基于全国山区抽样调查结果[J].资源科学,2017,39(10):1801-1811.

[94]李思思.基于土地功能视角的农村社会保障体系构建[J].农业经济,2020,(09):77-79.

[95]李文海.民国时期社会调查丛编:乡村经济卷(下)[M].福州:福建教育出版社,2014.

[96]李卓,陈银蓉,朱庆莹,等.农地转出对农户生计策略影响的区域差异研究——基于生计资本的中介效应分析[J].林业经济,2021,43(10):21-36.

[97]梁妍婷.农村土地资本化影响因素及应对措施分析:一个文献综述视角[J].山西农经,2022,(16):47-49.

[98]梁祎.公主岭市农村土地银行发展探析[J].山西农经,2020,(13):58-60.

[99]林乐芬,滕菲.土地流转履约保证保险运行机制与规模农户响应研究[J].现代经济探讨,2021,(01):96-103.

[100]刘成武,李秀彬.对中国农地边际化现象的诊断——以三大粮食作

物生产的平均状况为例[J].地理研究,2006,(05):895-904.

[101]刘芬华.究竟是什么因素阻碍了中国农地流转——基于农地控制权偏好的制度解析及政策含义[J].经济社会体制比较,2011,(02):26-34.

[102]刘凤芹.农业土地规模经营的条件与效果研究:以东北农村为例[J].管理世界,2006,(09):71-79+171-172.

[103]刘万明.古典分配理论:理论基础、内容架构与方法论意义[J].社会科学研究,2010,(06):14-19.

[104]刘艳,马贤磊,石晓平.农机服务对小农户土地流转"内卷化"的影响[J].华中农业大学学报(社会科学版),2022,(02):146-157.

[105]刘余,周应恒.粮地租金变动对种粮行为调整的影响[J].华南农业大学学报(社会科学版),2021,20(03):85-96.

[106]龙花楼.论土地利用转型与乡村转型发展[J].地理科学进展,2012,31(02):131-138.

[107]卢华,胡浩.土地细碎化、种植多样化对农业生产利润和效率的影响分析——基于江苏农户的微观调查[J].农业技术经济,2015,(07):4-15.

[108]卢华,胡浩.土地细碎化增加农业生产成本了吗?——来自江苏省的微观调查[J].经济评论,2015,05:129-140.

[109]鲁春旭.亚当·斯密与大卫·李嘉图分配理论之比较分析[J].通化师范学院学报,2016,37(01):123-126.

[110]罗必良,李尚蒲.农地流转的交易费用:威廉姆森分析范式及广东的证据[J].农业经济问题,2010,31(12):30-40+110-111.

[111]骆康,刘耀彬,戴璐,等.中国农地租赁市场交易双方议价能力及影响因素研究——来自中国家庭追踪调查数据[J].中国土地科学,2021,35(05):46-56.

[112]吕晓,孙晓雯,彭文龙,等.基于能值分析的沈阳市耕地利用可持续集约化时空分异特征研究[J].中国土地科学,2022,36(09):79-89.

[113]马俊凯,李光泗,李宁."非粮化"还是"趋粮化":农地经营规模对种植结构的影响[J].中国农业资源与区划,2022,44(09):1-14.

[114]马元,王树春,李海伟.对农地转租中低地租现象的一种解释[J].中国土地科学,2009,23(01):25-28+24.

[115]梅付春.河南省粮食生产核心区传统农业结构调整模式存在的问题及对策[J].现代农业科技,2012,(21):288-289.

[116]梅付春,马开轩.农业适度规模经营路径之争:土地规模还是服务规模[J].经济经纬,2022,39(02):46-56.

[117]孟莉娟.美国、日本、韩国家庭农场发展经验与启示[J].世界农业,2015,(12):184-188.

[118]倪国华,蔡昉.农户究竟需要多大的农地经营规模?——农地经营规模决策图谱研究[J].经济研究,2015,50(03):159-171.

[119]彭卫兵,张晓敏.农村土地流转的再审视——以农村人多地少的基本矛盾为视角[J].中国土地科学,2010,24(01):22-26.

[120]彭小霞.农村土地流转助推农民增收:机理、问题及实现路径[J].理论探索,2021,(04):91-99.

[121]蒲丽娟.农户信任对土地流转及其价格影响研究[J].价格理论与实践,2020,(03):48-51.

[122]钱龙,陈会广,叶俊焘.成员外出务工、家庭人口结构与农户土地流转参与——基于CFPS的微观实证[J].中国农业大学学报,2019,24(01):184-193.

[123]钱忠好.非农就业是否必然导致农地流转——基于家庭内部分工的理论分析及其对中国农户兼业化的解释[J].中国农村经济,2008,(10):13-21.

[124]钱忠好,冀县卿.中国农地流转现状及其政策改进——基于江苏、广西、湖北、黑龙江四省(区)调查数据的分析[J].管理世界,2016,(02):71-81.

[125]秦晓静.基于新供给经济学理论对我国农业"三高"现象的分析[J].市场研究,2017,(09):4-5.

[126]邱楠.粮食主产区粮食生产成本的变动及特点分析——以华中、东北产区为例[J].当代经济,2016,(25):70-74.

[127]邱幼云.从耕地抛荒看土地保障功能的弱化——以闽西L村为个案[J].理论月刊,2014,(12):124-128.

[128]全世文,胡历芳,曾寅初,等.论中国农村土地的过度资本化[J].中国农村经济,2018,(07):2-18.

[129]阮海波.社会交往能促进土地流转吗?——基于农业社会化服务的中介效应[J].农村经济,2022,(06):27-36.

[130]邵景安,张仕超,李秀彬.山区土地流转对缓解耕地撂荒的作用[J].地理学报,2015,70(04):636-649.

[131]佘纪国."过密化"条件下小农家庭风险:防范与启示[J].山东农业大学学报(社会科学版),2008,(01):25-29.

[132]沈琼,潘禹锡.家庭农场研究:知识图谱、研究热点与前沿趋势[J].西部论坛,2022,32(03):17-31.

[133]史艺萌.土地流转问题研究[J].现代化农业,2021,(04):43-45.

[134]孙瑞玲.农村土地流转机制的创新研究——在农村土地流转现状调查基础上的思考[J].农业经济,2008,(02):47-48.

[135]孙卫东.传统规模经济理论的缺陷——兼论现代中小企业的规模经济性[J].生产力研究,2008,(22):15-17+26+187.

[136]孙宪忠.推进农地三权分置经营模式的立法研究[J].中国社会科学,2016,(07):145-163+208-209.

[137]孙新华.发展规模农业要防范其过度行政[J].农村工作通讯,2017,(17):46.

[138]万相昱,唐亮,冯强.关于农户模型的综合集成建模体系的研究[J].当代经济科学,2017,39(05):112-123+128.

[139]王海娟.农地调整的效率逻辑及其制度变革启示——以湖北沙洋县农地调整实践为例[J].南京农业大学学报(社会科学版),2016,16(05):96-103+156-157.

[140]王化起,朱娅.农业科技、土地确权与农业补贴——农村土地规模经营发生条件的再验证[J].华东经济管理,2020,34(09):91-97.

[141]王佳月,李秀彬,辛良杰.中国土地流转的时空演变特征及影响因素研究[J].自然资源学报,2018,33(12):2067-2083.

[142]王佳月,辛良杰.耕地转种速生林对土壤理化性质的影响——以华北平原种植点为例(英文)[J].Journal of Resources and Ecology,2016,7(05):352-359.

[143]王建军,陈培勇,陈风波.不同土地规模农户经营行为及其经济效益的比较研究——以长江流域稻农调查数据为例[J].调研世界,2012,(05):34-37.

[144]王丽娟,黄祖辉,顾益康,等.典型国家(地区)农地流转的案例及其启示[J].中国农业资源与区划,2012,33(04):47-53.

[145]王倩,党红敏,余劲.粮食价格如何影响土地流转租金及收益分配?——基于2013—2019年农户调查面板数据[J].中国土地科学,2021,35(08):57-66.

[146]王蔚,徐勤航,周雪.土地托管与农业服务规模化经营研究——以山东省供销社实践为例[J].山东财经大学学报,2017,29(05):87-95+105.

[147]王新伟.贵州绥阳:打破田坎聚起发展合力[N].(2020-11-17)[2023-07-05],经济日报.贵阳,2020.https://www.sohu.com/a/432503796_120702.

[148]王亚辉,李秀彬,辛良杰.山区土地流转过程中的零租金现象及其解释——基于交易费用的视角[J].资源科学,2019,41(07):1339-1349.

[149]王亚辉,李秀彬,辛良杰,等.耕地资产社会保障功能的空间分异研究——不同农业类型区的比较[J].地理科学进展,2020,39(09):1473-1484.

[150]王亚辉,李秀彬,辛良杰,等.中国土地流转的区域差异及其影响因素——基于2003—2013年农村固定观察点数据[J].地理学报,2018,73(03):487-502.

[151]王亚辉,李秀彬,辛良杰,等.中国农地经营规模对农业劳动生产率的影响及其区域差异[J].自然资源学报,2017,32(04):539-552.

[152]王亚辉,辛良杰,李秀彬.重庆典型山区耕地资产贬值特征及其发生机理[J].农业工程学报,2019,35(22):107-114.

[153]王亚辉,李秀彬,辛良杰.农业劳动力年龄对土地流转的影响研究-来自CHIP2013的数据[J].资源科学,2017,39(08):1457-1468.

[154]王亚楠,纪月清,徐志刚,等.有偿VS无偿:产权风险下农地附加价值与农户转包方式选择[J].管理世界,2015,(11):87-94+105.

[155]王亚运,蔡银莺,李海燕.空间异质性下农地流转状况及影响因素——以武汉、荆门、黄冈为实证[J].中国土地科学,2015,29(06):18-25.

[156]王震,辛贤.为什么越来越多的农户选择跨村流转土地[J].农业技术经济,2022,(01):19-33.

[157]卫荣,高忠敏,王秀东.美国农场规模、收入及对我国的启示[J].中国食物与营养,2016,22(04):19-23.

[158]温铁军,张俊娜,邱建生,等.农业1.0到农业4.0的演进过程[J].当代农村财经,2016,(02):2-6.

[159]吴偎立,郑梦圆,平新乔.论农业生产托管与土地流转[J].经济科学,2022,(06):142-159.

[160]武舜臣,姜常宜,赵策.农地流转中农户劣势的理论辨析与政策启示[J].经济学家,2022,(05):87-96.

[161]谢辰.杨凌土地银行发展模式研究[D].西安:西北农林科技大学,2019.

[162]辛良杰,李秀彬.近年来我国南方双季稻区复种的变化及其政策启示[J].自然资源学报,2009,(01):58-65.

[163]邢丙彦.民国时期松江地主收租组织的地租形态与货币折租[J].社会科学,2004,(11):99-104.

[164]邢丙彦.近代松江西部土地租佃制度研究[M].上海:上海人民出版社,2015.

[165]徐建青.恰亚诺夫《农民经济理论》简介[J].中国经济史研究,1988,(04):147-156.

[166]徐美银.土地功能偏好、保障模式与农村土地流转[J].华南农业大学学报(社会科学版),2014,13(01):1-10.

[167]徐娜,张莉琴.谁获得了更多的农业补贴——基于农业补贴对土地租金的影响研究[J].哈尔滨工业大学学报(社会科学版),2018,20(04):134-140.

[168]徐羽,李秀彬,辛良杰.中国耕地规模化流转租金的分异特征及其影响因素[J].地理学报,2021,76(03):753-763.

[169]徐志刚,谭鑫,郑旭媛,等.农地流转市场发育对粮食生产的影响与约束条件[J].中国农村经济,2017,(09):26-43.

[170]许恒周,郭玉燕.农民非农收入与农村土地流转关系的协整分析——以江苏省南京市为例[J].中国人口·资源与环境,2011,21(06):61-66.

[171]许庆,陆钰凤,张恒春.农业支持保护补贴促进规模农户种粮了吗?——基于全国农村固定观察点调查数据的分析[J].中国农村经济,2020,(04):15-33.

[172]许庆,田士超,徐志刚,等.农地制度、土地细碎化与农民收入不平等[J].经济研究,2008,43(02):83-92+105.

[173]许庆,尹荣梁,章辉.规模经济、规模报酬与农业适度规模经营——基于我国粮食生产的实证研究[J].经济研究,2011,46(03):59-71+94.

[174]杨慧莲,李艳,韩旭东,等.土地细碎化增加规模农户农业生产成本了吗?——基于全国776个家庭农场和1166个专业大户的微观调查[J].中国土地科学,2019,33(04):76-83.

[175]杨欣怡,周洪,刘秀华.山区不同类型农户土地利用效率及其影响因素分析——基于武陵山区18个典型村的实证研究[J].中国农业资源与区划,2020,41(10):122-130.

[176]叶红谏,丁金荣,宋淑君.服务性经营性并重 推动农机合作社做强做大——关于兴阳农业服务专业合作社发展的探索与实践[J].江苏农机化,2018,(05):5-7.

[177]叶剑平,丰雷,蒋妍,等.2008年中国农村土地使用权调查研究——17省份调查结果及政策建议[J].管理世界,2010,(01):64-73.

[178]易钟婷,王平平,王永强.村集体经济组织参与土地流转的交易费用降低机制研究——以陕南4个烟区产业综合体为例[J].中国土地科学,2022,36(09):120-128.

[179]张佰林,高江波,高阳,等.中国山区农村土地利用转型解析[J].地理学报,2018,73(03):503-517.

[180]张蚌蚌,牛文浩,左旭阳,等.广西农民自主型细碎化耕地归并整治模式及效果评价[J].农业工程学报,2019,35(09):265-274.

[181]张琛.土地资源错配对中国农户加总全要素生产率的影响研究[J].财贸研究,2022,33(03):40-50.

[182]张菁菁,雷丽霞,刘自敏.交易费用视角下农地经营权流转模式新设想——理论分析与模型验证[J].重庆工商大学学报(社会科学版),2018,35(05):24-31.

[183]张兰,孔岩,樊鹏飞,等.非农就业、土地流转抑制了农户当前及二轮承包到期时土地调整意愿吗[J].农业技术经济,2022,(09):122-133.

[184]张溪,黄少安.交易费用视角下的农地流转模式与契约选择[J].东岳论丛,2017,38(07):118-126.

[185]张晓恒,周应恒.经营规模决定因素及其对农业生产的影响:一个文献综述[J].新疆农垦经济,2018,(05):83-92.

[186]张亚丽,白云丽,甄霖,等.新农保能促进农户土地流转吗?——基于CHARLS三期面板数据[J].自然资源学报,2019,34(05):1016-1026.

[187]张亚洲,杨俊孝.多维贫困视角下土地流转的减贫效应研究[J].统计与决策,2021,37(15):82-86.

[188]张毅,张红,毕宝德.农地的"三权分置"及改革问题:政策轨迹、文本分析与产权重构[J].中国软科学,2016,(03):13-23.

[189]张英,李秀彬,宋伟,等.重庆市武隆县农地流转下农业劳动力对耕地撂荒的不同尺度影响[J].地理科学进展,2014,33(04):552-560.

[190]张咏梅,周亚平.半工半农是农民家庭的最优选择吗?——对当代中国农民家庭生计的实证研究[J].兰州大学学报(社会科学版),2011,39(02):94-100+105.

[191]张忠明,钱文荣.农民土地规模经营意愿影响因素实证研究——基于长江中下游区域的调查分析[J].中国土地科学,2008,22(03):61-67+40.

[192]张忠明,钱文荣.不同兼业程度下的农户土地流转意愿研究——基于浙江的调查与实证[J].农业经济问题,2014,35(03):19-24+110.

[193]张自强,李怡,高岚.农户林地经营的适度规模研究——基于粤、浙、皖三省的调查数据[J].中国农业大学学报,2018,23(09):231-240.

[194]赵冈,陈钟毅.中国土地制度史[M].北京,新星出版社,2006.

[195]赵敏.租金、平台企业利润与垄断问题研究——基于马克思地租理论[J].马克思主义研究,2022,(04):99-111.

[196]赵宇鸾,李秀彬,辛良杰,等.华北平原杨上粮下现象的驱动机制——以河北省文安县为例[J].地理研究,2012,31(02):323-333.

[197]甄霖,王超,成升魁.1953—2016年中国粮食补贴政策分析[J].自然资源学报,2017,32(06):904-914.

[198]郑凯丽,周洪.重庆山区农户转入耕地补偿现状及影响因素——以重庆市酉阳县为例[J].江苏农业科学,2016,44(05):620-623.

[199]郑阳阳,罗建利.农户缘何不愿流转土地:行为背后的解读[J].经济学家,2019,(10):104-112.

[200]郑阳阳,罗建利.小农户愿意扩大经营规模吗?——14省2074个小农户的现实需求及其影响因素分析[J].农村经济,2020,(06):9-15.

[201]周记顺,李慧芸.规模化经营对我国耕地粮食产出率的影响分析[J].农业经济,2022,(03):3-5.

[202]周静.农业支持保护补贴对稻作大户投入行为的激励作用实证分析[J].经济地理,2020,40(07):150-157.

[203]祖健,张蚌蚌,孔祥斌.西南山地丘陵区耕地细碎化特征及其利用效率——以贵州省草海村为例[J].中国农业大学学报,2016,21(01):104-113.

附表1 2005—2020年各地土地流转的面积

(单位：亩)

地区	2005	2006	2007	2008	2009	2010	2011	2012	2013	2014	2015	2016	2017	2018	2019	2020
北京	356231	140980	141827	168013	2151028	2149346	2143029	2232100	2241639	2317697	2449714	2544215	2647295	2828607	2980832	2676047
天津	411666	463291	484315	518702	639620	694459	833012	895852	1023212	1505453	1594174	1804140	1884854	1804140	1916395	2070014
河北	2295320	2069373	1464709	1909834	3568447	6635550	9676340	10922097	14047647	18796900	23242064	26110956	28018494	30337331	27089188	24889848
山西	768627	762288	827190	1129513	2020702	3850595	5757598	6092268	6846324	7605619	7899696	8156529	8563896	9241132	8039842	7901022
内蒙古	1042828	1042381	1729835	7371876	8830170	11811831	14257758	16708943	21139105	28461754	31871200	35944787	36664569	38080285	38412904	38041581
辽宁	999186	983975	939646	1046848	2080683	3002822	4183669	4940613	8117446	12983374	16105959	18015752	19423057	18722894	18778100	17029536
吉林	2381496	1952239	1913973	4606875	5867074	5923169	6141741	8870420	11375852	15200220	16468956	20517495	23230067	25773955	25551288	27200918
黑龙江	7251993	8852877	11701955	23400381	27379286	31947092	38595108	46417122	57605770	65076352	68973082	66502563	66502563	65903870	65568638	64390818
上海	752890	1051364	1228631	1272115	1214740	1382820	1149200	1146817	1188230	1273587	1296818	1312236	1321141	1491023	1503521	1529249
江苏	4853576	4670686	4964584	6569343	14683100	17263129	20710393	24618420	28921974	29597633	30948162	31128147	31605416	30950150	30815844	32298778
浙江	3569646	3932252	4657564	5459515	6767377	7564624	7778673	8234396	8651749	9152486	9549996	10051243	10502197	10803435	11194798	11025175
安徽	2425751	2004058	2343313	5348995	7032174	9129009	11575205	16039567	20757044	25681065	29441101	32937614	36351640	37849254	39507382	37340642
福建	1004891	1185584	1311678	1646743	2164322	2637093	2955381	3314255	3868668	4198706	4494382	5122432	5387179	5466092	5413814	4692760
江西	1664837	1587379	1625168	1903312	3185345	3946330	4536828	5703218	6501190	9532801	10710566	11419467	13212600	15995846	17053726	17086875
山东	1224986	1347011	1339523	5146070	5217240	7081411	9019873	11538395	16167063	21509947	24717719	28588864	31758383	34660580	38904160	39048207
河南	2107776	1571252	2095997	4577856	8988356	13137059	19821627	26164043	32164716	36050143	38870571	37567940	38678255	39460974	38282447	34223492
湖北	1068940	1057771	1141808	2968645	4024247	4925599	6658082	8572277	11943652	14754410	16634549	18002413	20383626	22479434	24007555	21145305
湖南	3283949	2873636	3348770	7253980	9386547	9884411	10899204	11842994	13796652	15022888	18614699	20416491	21781078	23965795	25670473	21614139
广东	5423339	5841011	3877976	4220728	5828200	6601361	7184507	8102871	9045439	8515011	8341573	8400013	11610286	11722890	13607300	15511896
广西	1333169	1186384	1513222	1638516	2172662	3118269	3452457	4038405	4708236	5821527	6687511	7282959	8320408	9124773	10836291	9059899
海南	121232	128815	155643	131491	129284	142169	164548	243994	271110	316053	273795	395319	630877	620896	405160	574334
重庆	1075270	1131807	3202382	4977615	6339524	7169804	7724695	12798906	13577152	13998779	14535334	14791035	15002834	15377781	15297849	14037865
四川	4568623	5160540	6529575	7410103	8700782	9758323	10743522	11958218	13606805	14823049	16198882	19703069	21342042	22937270	27140797	26277924
贵州	795786	674705	855503	1340468	2230402	2777335	3598218	4313363	5887479	7259473	8770080	9535318	9762178	12230871	14233952	11879036
云南	816537	864385	1004840	1870222	2541844	3838290	4536735	5259327	6251949	7142623	7495034	8309435	8931879	9822660	10990645	11255518
陕西	1173586	1026076	895855	1036311	2490409	3213755	3994831	4560536	5380129	7537690	8880306	12187546	13834664	15042329	14166169	12658596
甘肃	794464	730572	635360	896322	1411821	1986820	3740435	5199068	7447867	9796433	11231168	12338711	13130688	13512059	13748078	11301928
青海	90196	101569	112855	449972	650296	824416	1023001	1138444	1249167	1356632	1537806	1714825	1979756	2073851	2001977	1949159
宁夏	238974	243836	340867	656479	820288	1095506	1548909	1874785	2331699	2551148	2827676	2992442	3040657	3043256	3158741	3078514
新疆	777928	926090	1338812	1922727	3025057	3190761	3528755	4592367	4905252	5555217	5671079	6413414	6610625	7696913	8702498	10400108

注：受数据所限，附表中不包含西藏和港澳台各地的土地流转面积。

附表2 2005—2020年各地家庭承包地面积

（单位：亩）

地区	2005	2006	2007	2008	2009	2010	2011	2012	2013	2014	2015	2016	2017	2018	2019	2020
北京	2982508	2991641	2976110	2930863	4660967	4642644	4641232	4634662	4594617	4460404	4309150	4240726	4189410	7762368	4277386	4197088
天津	4732768	4704641	4702038	4846537	4830133	4778792	4840548	4873265	4846465	4785344	4863143	3961795	3889314	4950987	3888055	4174222
河北	83139280	78930351	77000328	78738719	83807600	82925191	83004638	82657425	82658325	83133099	84315743	84251700	84186389	83252829	80854754	80935608
山西	44648487	44604000	45822203	45874365	46524808	46213054	47294455	47958882	48325296	48588236	48719032	48994464	49015954	25359857	51719536	51704057
内蒙古	68913632	75151945	77664628	78641078	83127047	86506563	86918459	91144799	98886515	97666812	98070748	98651396	98659397	104501331	98848166	100576145
辽宁	47605797	49435201	49559133	49959707	50166036	50026662	50721249	50625209	50738689	50786742	50824252	51049383	50975746	51380060	53810652	53719813
吉林	57069279	57179586	57515391	57895441	59125834	59634079	59715877	61955002	63486173	63016065	63730443	63698763	63061621	70729843	65375286	67620477
黑龙江	110011392	113033526	115337004	117997939	123323029	123807156	126591101	129984052	129764832	129262837	129310063	129845820	127714087	180855845	116430999	113671217
上海	2491302	2564643	2462529	2481298	2197968	2333620	1975915	1907251	1805452	1782444	1759590	1754326	1752428	4091720	1721458	1678452
江苏	49797805	50465946	49478483	50015796	50004299	50469556	50245354	51040730	50776659	50659665	51257982	51720323	51428744	84934549	52167974	52693351
浙江	20430000	19905803	19848078	19770185	19576313	19454924	19289806	19207259	19090824	19075029	18924134	18683540	18490648	29647187	18447621	18321997
安徽	60079562	59938054	57369185	59577144	61925911	62436875	62484624	62332075	62094641	62605839	63491108	69571108	79879362	103867327	79911594	79660466
福建	15349535	16163793	15420880	15241003	15405811	15377678	15296220	15349248	15290808	15100813	15015531	15018433	15113283	15000252	15953780	15999792
江西	28254172	29391140	29307145	30054137	31000147	31546724	31337150	31724746	31730000	33281825	36258163	36811398	36793242	43896394	36784825	36679811
山东	88886928	88363264	89931687	90182951	90493544	91440147	91700827	92398754	92411206	93227204	93805255	93320169	99294218	95116849	92030028	92466660
河南	90361572	91132906	90853973	92982961	95812833	96027893	96120350	97361268	96940950	97287335	97675880	100350577	101830321	108292268	107779492	110520619
湖北	43397331	42572501	43239911	43721570	45088368	45238412	45111627	45040709	45347804	45192172	45023408	45305176	45724501	61688896	61048493	61722031
湖南	43632303	43282639	44382088	44460261	46736204	46256966	46101786	46154930	47745977	49092864	50130534	51554522	51154651	65767823	52430001	52586124
广东	27962570	29086174	27255256	27665443	28010701	28070683	27884538	27996023	31564983	29185142	28884583	28796575	28796575	32170389	35208284	35264789
广西	31691857	31657525	31738341	31517585	34885205	33727240	33644059	34281133	34957070	34911188	36020984	35784917	35820948	25040540	45330567	47452525
海南	5016209	5016209	4854551	5652665	5558023	5486771	4906983	4901000	5114089	4973681	5842962	6049757	6154128	1703885	6902294	6459366
重庆	19582030	19966258	20161669	19693669	19861590	19788060	20234424	35488140	35333703	35233874	35062390	34910652	34767431	42200277	34658005	35103185
四川	56123659	56420615	56324810	56462605	57577555	58023784	58406499	58488474	58370299	58395188	58360257	58211357	58191200	62945307	90897950	91095351
贵州	23273161	29997316	29431563	30210545	25247385	25052500	25415826	27983083	30072485	29166823	31210880	34320231	45976204	33564409	58920392	63712342
云南	37212817	37307767	37798776	38485434	38824811	41621495	41471204	41662653	42046698	42055638	41947371	42107530	42843480	26955708	109294725	111500804
陕西	44869082	44014381	43861651	43714588	43735690	46613116	45696588	45723025	45865940	48423588	49618713	55479427	56065169	41279717	54579996	53437807
甘肃	46957906	46934488	46886256	46789896	47998761	47863728	47709815	48214478	47900782	48024247	48111707	49092996	50715057	37080293	60373543	64622373
青海	5868401	6187238	6399128	6538315	6829579	7029257	7077512	7034691	7013326	6996509	7129488	7096724	7124707	5691138	8082764	8053999
宁夏	10855600	10864386	10948257	11088817	11337336	11305063	11321059	11160084	11122839	11092560	11081066	11068129	10995550	8351416	16335392	16398305
新疆	26366538	27506154	27945925	28657291	29504022	30415365	30186578	31167435	31194602	31295670	31613252	32190848	31410341	21122154	31702695	29633671

注：受数据所限，附表中不包含西藏和港澳台各地的家庭耕地面积。

附录1　家庭追踪调查问卷部分指标

——关于农村家庭土地流转信息的调研指标

限于篇幅,附录1中仅列出中国家庭追踪调查农户问卷中涉及土地流转特征的问题。

访员注意:1.农用土地是指用于农业生产的土地,包括耕地、园地、林地、牧草地等。拥有是指拥有农用土地的承包权。2.应选择自家有地的情况:承包给自家经营的土地。包括有偿或无偿让给其他农户或组织耕地的土地。不包括已经被征收、用作绿化、被村委会收回的土地、转入土地和开荒地。

[C5001b]目前,您家是否拥有下列农用土地承包权?包括已经股份化但拥有股份的土地(可多选)

1.耕地 2.林地 3.草地 4.园地 5.鱼塘 7777.其他农用土地(请注明) 7788.没有农用土地【跳至C5011aa】

[C5003]您家的【C5001b】面积是_____亩?

[C5003ms]这边仅指您家自己的承包地,不包括转入的土地。所以再次向您确认一下,您家的[C5001b]面积是[C5003]亩,对吗?

1.是 2.否

[C5004c]您家耕地是否有农村土地承包经营权证?

1.是 2.否

通俗问法:土地确权是弄清楚您家的土地在哪个地方,有多大面积、东南西北各个方位到哪里。然后颁发一个证书,就是土地的身份证,您家有没有进行确权颁证呢?

[C5004d]您家耕地的承包经营权证是哪一年发放的?

[C5010]按目前市场价格,您估计您家承包的[C5001b]值多少钱?(单位:元)

[C5004h]您家经营的耕地总共分为几片/块?包括转入的,不包括转出的。

[C5004i]您家的承包耕地现在是否全部有人在种?包括自家种或转给父母子女、亲朋好友、邻居等耕种。

1.是,全部在耕种【跳至C5005】 2.否,部分未耕种 3.否,全部未耕种

[C5004j]为什么没有耕种呢?(可多选)

1.农地质量不好,产出太低

2.农地太细碎或面积太小,不宜耕种

3.地块太远,不方便耕种

4.外出打工或有其他工作,没有精力

5.身体不好或年龄太大,家中无其他劳动力

6.有其他用途(如建房子、养殖等)

7.已列入政府规划,近期将被征收

8.转给他人或公司,但是对方没有种

9.隔几年种一次

7777.其他(请注明)

[C5004k]未耕种的面积有多少亩?

[C5005]去年,您家耕地的经营权是否转给他人或机构?

1.是【跳至C5005d】   2.否

[C5005a]您家未转出耕地的主要原因是?

1.从土地获得收入(如没有其他来源,领取补贴等)

2.预期土地会升值

3.自家耕种

4.不懂如何流转(如不了解相关政策等)

5.担心流转风险(如承包方不能按时支付租金,损害土地质量或无法按期收回)

6.无人愿意承包

7.租金低

7777.其他(请注明)

[C5005d]是哪一年转出耕地的?

[C5005e]您家转出耕地是否签订了土地流转合同?

1.是   2.否

[C5006]转出的面积是多少亩?

[C5007b]您家转出耕地是否约定转出年限?

1.是

2.否,没有约定具体年限,想收回时提前和对方说即可【跳至C5007d】

7777.其他(请注明)

[C5007d] 转出的期限是？（单位：年）

[C5007d] 您家耕地转出的对象是？

1. 本村普通农户

2. 非本村普通农户

3. 专业大户

4. 家庭农场

5. 农民合作社

6. 村集体/政府

7. 公司或企业

8. 中介机构

7777. 其他（请注明）

[C5007db] 您家转出土地的途径是下列哪种情况？

1. 村委会统一经营

2. 村委会集体流转给公司或其他机构

3. 村委会整理土地后划片包给农户

4. 有流转意愿的普通农户私下协商（包括给亲朋好友耕种）

7777. 其他（请注明）

[C5007e] 目前，您家耕地转出后的主要用途是？

1. 粮食种植

2. 经济作物种植（如种树、养花）

3. 畜牧养殖（如养鱼）

4. 修建厂房、仓库、车站

5. 服务经营（如农家乐）

6. 修建住宅

7. 用于公路、铁路、公园

8. 防护林等生态用途

9. 荒废

7777. 其他（请注明）

[C5008aa] 您家转出耕地的租金如何收取？

1. 支付现金

2.发放实物(如以各类农产品替代租金)

3.股份分红

4.免费流转,不收租金【跳至C5008c】

5.现金/实物+分红

7777.其他(请注明)

[C5008ab]您家转出耕地租金多长时间结算一次?

1.每年结算一次

2.固定期限结算(如3年、5年等)

3.一次性结清

4.非固定期限结算

7777.其他(请注明)

[C5008ac]固定期限是指多长时间结算一次?(单位:月)

[C5008ad]转出期间,每年的租金是否有变化?

1.固定不变

2.逐年递增

3.按照农产品市价变化

4.每年协商

7777.其他(请注明)

[C5008]去年,您家转出耕地获得的收入是多少元?包括土地分红。(单位:元)

[C5008c]与转出土地相关的种粮补贴归谁? 如粮食补贴、良种补贴等。

1.自家

2.对方

3.没有补贴

4.双方分享

7777.其他(请注明)

[C5011aa]去年,您家转入了以下哪些类型的土地?(可多选)

1.耕地

2.林地

3.草地

4.园地

5.鱼塘

7788.以上都没有【跳至C5018a】

[C5011ab]是哪一年转入耕地的?

[C5011d]您家转入耕地是否签了土地流转合同?

1.是

2.否

[C5012]转入耕地面积是多少亩?

[C5013b]您家转入耕地是否约定年限?

1.是

2.否,没有说定具体年限【跳至C5014a】

7777.其他(请注明)

[C5013a]转入的年限是?(单位:年)

[C5014a]耕地转入来源?(可多选)

1.本村普通农户

2.非本村普通农户

3.专业大户

4.家庭农场

5.农业/农民合作社

6.村集体

7.公司或企业

8.中介机构

7777.其他(请注明)

[C5015a]您家转入的耕地的主要用途是?

1.粮食种植

2.经济作物种植(如蔬菜、花卉、树苗等)

3.畜牧养殖

4.修建厂房、仓库、车站等

5.服务经营(如农家乐)

6.修建住宅

7.荒废

7777.其他(请注明)

[C5015b]您家转入耕地的途径是?

1.有流转意愿的普通农户私下协商(包括代亲朋好友耕种)

2.村集体将农户的地集中,然后划片分包

3.公司或其他机构将农户的地集中后,再转包过来

7777.其他(请注明)

[C5016aa]您家转入耕地如何支付租金?

1.支付现金(含实物折算成现金)

2.支付实物租金(即以粮食等农产品结算)

3.股份分红

4.免费,不用支付租金(跳至C5017)

7777.其他(请注明)

[C5016ab]您家转入耕地的租金多长时间结算一次?

1.每年结算一次

2.固定期限结算(如3年、5年等)

3.一次性结清

4.非固定期限结算

7777.其他(请注明)

[C5016ac]固定期限是指多长时间结清一次呢?

[C5016ad]转入期间,每年的租金是否有变化?

1.固定不变

2.逐年递增

3.按照农产品市价变化

4.每年协商

7777.其他(请注明)

[C5016]去年,您家耕地支付租金总额是多少?(单位:元)

[C5017]与您转入土地相关的种粮补贴归谁?

1.自家

2.对方

3.没有补贴

4.双方共享

7777.其他(请注明)

[C5017a]转入土地后,您家进行土地平整、土壤培肥等支出是多少钱?(单位:元)

[C5026]在土地流转期间,您家是否遇到过土地纠纷?

1.是

2.否【跳至C5031】

通俗问法:你们家流转土地的时候有没有和别人产生一些矛盾呢?包括和流转方的矛盾、和地块相邻的人家产生矛盾,或者和村集体产生矛盾。

[C5027a]产生纠纷的原因是?(可多选)

1.土地边界纠纷、面积、质量及配套设施纠纷

2.没有按时全额支付租金或者一方希望租金调整

3.改变了土地用途

4.过度耗损土地肥力

5.转入方将农地转给其他人

6.自己单方面终止合同

7.对方单方面终止合同

8.流转中与村集体有矛盾

7777.其他(请注明)

[C5031]除了支付租金外,您为流转土地还花费了多少钱?(单位:元)

[C5033]在土地流转中您家需要以下哪些服务?(可多选)

1.提供土地流转交易信息

2.提供土地流转政策宣传与解读

3.提供土地流转租金价格评估

4.提供法律咨询

5.协调和规范合同签订

6.监督流转行为

7.调解土地纠纷

7788.不需要任何服务

[C5033a] 在土地流转过程中您家获得过以下哪些服务?(可多选)

1. 提供土地流转交易信息

2. 提供土地流转政策宣传与解读

3. 提供土地流转租金价格评估

4. 提供法律咨询

5. 协调和规范合同签订

6. 监督流转行为

7. 调解土地纠纷

7788. 没有获得任何服务【跳至C5037d】

[C5034] 在土地流转中,哪些组织或机构为您提供了土地流转相关服务?(可多选)

1. 政府主导的交易服务中心

2. 土地流转中介

3. 村委会

4. 农民合作社

5. 农业企业

6. 其他村民

7. 互联网平台

8. 传统媒体(广播、电视、报纸等)

7777. 其他(请注明)

附录2　典型区域农村村庄调查问卷

村问卷

问卷编码：_____【省名+县/市名+乡镇+村】

省代码：北京-11　　山东-37　　湖北-42　　重庆-55

县/市、乡镇、村和户代码按照调研先后顺序填写。

农业生产、土地利用变化及其政策调查
村综合调查问卷

请调查员在调查开始时向调查对象宣读以下内容：

您好！为了了解当前农村的农业经营和土地利用情况，我们特此开展这项调查。请您按照本村的实际情况和自己的真实想法如实回答问题，我们将严格遵守统计法，对您的个人信息给予保密。谢谢合作！

	省	市(县)	乡(镇)	村	经度	纬度	高程
地区							

被调查者姓名：_____，性别：_____，年龄：_____

电话号码：_____

调查员：_____，调查员电话：_____

访谈开始时间：___年___月___日___时___分；

访谈结束时间：___年___月___日___时___分。

1.村庄基本情况

指标	代码	单位	数值
全村多少人	C1-01	人	
全村共多少户	C1-02	户	
全村劳动力人数	C1-03	人	

续表

指标	代码	单位	数值
长期外出务工人数	C1-04	人	
人均纯收入	C1-05	元/人	
村内非农企业个数	C1-06	个	
距县城距离	C1-07	千米	
地势地貌(1.平原2.丘陵3.山地)	C1-08	—	
村内实际耕地面积	C1-09	亩	
其中,水田	C1-10	亩	
旱地	C1-11	亩	
水浇地	C1-12	亩	
闲置的面积	C1-13	亩	
退耕还林还草面积	C1-14	亩	
村内宅基地总面积	C1-15	平方米	
村内宅基地出售价格	C1-16	元/平方米	
若出售给外村人,宅基地的价格是多少	C1-17	元/平方米	
村是否进行了农村土地承包经营权确权工作	C1-18	1.是 2.否	
如果是,哪一年?	C1-19	年	
第一轮土地承包以来,土地调整次数	C1-20	次	

2.村基层组织情况

C2-01:村民委员会人数:_____人;

C2-02:村干部实际人数:_____人;

C2-03:村合作经济组织管理机构人数:_____人。

3.劳动力价格

C3-01:____年,本地小麦、玉米等粮食作物作业的雇工费用:____元/天;

C3-02:____年,本地收获蔬菜、瓜果等经济作物的雇工费用:____元/天;

4.社会保障与保险

指标	代码	单位	数值
本村哪一年开始实施新型农村养老保险	C4-01	年	
本村哪一年开始实施新型农村合作医疗保险	C4-02	年	
已参加社会保险的户数	C4-03	户	
全村参加农业保险的户数	C4-04	户	
村中参加农村合作组织的户数	C4-05	户	

5.土地流转情况

指标	代码	单位	数值
是否有耕地流转	C5-01	1.是 2.否	
若有,流转耕地面积	C5-02	亩	
其中,流转水田面积	C5-03	亩	
平均流转价格	C5-04	元/亩	
流转旱地面积	C5-05	亩	
平均流转价格	C5-06	元/亩	
土地流转后的主要用途(1.种植粮食作物2.种植经济作物3.其他用途)	C5-07	-	
本村对土地流转是否有条件限制,比如租赁面积、租入方身份、用途管制等	C5-08	1.是 2.否	
若有限制,请回答 租赁面积限制	C5-09	-	
若有限制,请回答 租入身份限制	C5-10	-	
若有限制,请回答 用途管制	C5-11	-	
村内有多少土地是通过村集体协调流转的	C5-12	亩	
多少土地是农户间磋商流转的	C5-13	亩	
乡镇是否提供土地流转相关服务	C5-14	1.是 2.否	
通过该服务流转的土地规模	C5-15	亩	
村里有几个种粮大户或者农业合作组织	C5-16	个	
规模共有多大	C5-17	亩	

6.受访者信息与访员观察

C6-01:受访者职务:_____

1=村主任;2=村支书;3=村会计;4=居委会主任;5=其他,请注明_____

C6-02:该村有可以通车的水泥路吗?

1=有;2=无

C6-03:该村经济状况:_____

1.很穷　　　　2.较穷　　　　3.一般　　　　4.较富　　　　5.很富

C6-04:该村内部马路的整洁程度?_____

1.很乱　　　　2.较乱　　　　3.一般　　　　4.整洁　　　　5.很整洁

C6-05:受访者的态度:_____

1.很不耐烦　　2.较急躁　　　3.一般　　　　4.配合　　　　5.很配合

C6-06:受访者的普通话程度:_____

1.不会　　　　2.很差　　　　3.一般　　　　4.较好　　　　5.很好

附录3 典型区域农村住户调查问卷

问卷编码：_____【省名+县/市名+乡镇+村+户】

省代码：北京-11　　山东-37　　湖北-42　　重庆-55

县/市、乡镇、村和户代码按照调研先后顺序填写。

农业生产、土地利用变化及其政策调查
农村住户调查问卷

请调查员在调查开始时向调查对象宣读以下内容：

您好！为了了解当前农村的农业经营和土地利用情况，我们特此开展这项调查。请您按照自家的实际情况和自己的真实想法如实回答问题，我们将严格遵守统计法，对您的个人信息给予保密。谢谢合作！调查的是2016年的内容，不是现在种植的。

	省	市(县)	乡(镇)	村	经度	纬度	高程
地区							

被调查者姓名：_____，性别：_____，年龄：_____

电话号码：_____

调查员：_____，调查员电话：_____

访谈开始时间：____年____月____日____时____分；

访谈结束时间：____年____月____日____时____分。

1.家庭劳动力情况

H1-01:您家有几口人:_____人;H1-02:家庭常住人口数:_____。

H1-03:家庭经营主业:_____。(1=种植业;2=林业;3=畜牧业;4=工业;5=建筑、运输等服务业;6=其他)

家庭成员情况	H1-04	1	2	3	4	5	6	7	8	9	10
与户主的关系(1.户主2.配偶3.子女或其配偶4.孙子女或其配偶5.父母6.祖父母7.兄弟姐妹8.其他)	H1-05										
性别(1.男 2.女)	H1-06										
年龄(周岁)	H1-07										
上过几年学(年)	H1-08										
婚姻状况(1.结婚 2.离婚 3.丧偶 4.未婚 5.再婚)	H1-09										
是否为乡村干部(1.是 2.否)	H1-10										
是否为党员(1.是 2.否)	H1-11										
职业类型(1.纯务农 2.兼业 3.纯务工)	H1-12										
打工地点(1.本村 2.村外乡镇内 3.乡镇外县内 4.县外省内 5.外省 6.境外)	H1-13										
打工从事主要行业(1.农业 2.建筑 3.制造业 4.服务业 5.运输 6.自营工商业 7.行政 8.其他)	H1-14										

续表

家庭成员情况	H1-04	1	2	3	4	5	6	7	8	9	10
打工类型(1.打整工-按月算;2.打零工-按天算,注意折算)	H1-15										
打工时长(月/年)	H1-16										
打工收入(元/月)	H1-17										

2.土地利用基本特征

H2-01:您家现在种几块地:_____块;H2-02:现在经营总面积:_____亩;H2-03:闲置的土地面积:_____亩。

地块情况(所有在种地块,包括租入)	代码	1	2	3	4	5	6	7	8	9	10
小地名	H2-04										
地块面积(亩)	H2-05										
地块离家距离(米)	H2-06										
水田还是旱地(1.水田2.旱地)	H2-07										
灌溉条件(1.地表水 2.地下水 3.无)	H2-08										
土地等级(1.一等2.二等3.三等4.四等5.五等及其之外)注:一等最优	H2-09										
地块微地貌类型(1.平地2.坡地,请填坡度)	H2-10										
地块产权(1.承包田2.自留地3.开荒地4.转入)	H2-11										
哪年转入的	H2-12										
与转出者的关系(1.亲人2.熟人3.其他小户4.村集体5.其他)	H2-13										
租金(元/亩·年)注:实物租金	H2-14										

续表

地块情况(所有在种地块,包括租入)	代码	1	2	3	4	5	6	7	8	9	10
租入期限(年)	H2-15										
合同形式(1.口头 2.书面)	H2-16										
是否有担保(1.有 2.没有)	H2-17										
担保人是谁(1.亲戚 2.熟人 3.村干部 4.其他)	H2-18										
这块地现在种什么(1.粮食作物 2.经济作物 3.其他)	H2-19										
这块地的粮食补贴归谁(1.没有补贴 2.转入户 3.转出户 4.其他,请说明)	H2-20										
该地块是否与您家地块相连(1.是 2.否)	H2-21										

转出地块情况	代码	1	2	3	4	5	6
小地名	H2-22						
哪年转出(年)	H2-23						
地块面积(亩)	H2-24						
地块距家距离(米)	H2-25						
地块质量等级(1.一等 2.二等 3.三等 4.四等 5.五等及之外)注:一等为最优	H2-26						
灌溉条件(1.地表水 2.地下水 3.无)	H2-27						
转出原因(1.劳动力不足 2.与自家地块不相连 3.地块质量太差 4.距离太远 5.其他)	H2-28						
转出期限(年)	H2-29						

续表

转出地块情况	代码	1	2	3	4	5	6
小地名	H2-22						
与转入者关系(1.亲人2.熟人3.其他小户4.合作社5.其他大户或公司6.其他)	H2-30						
租金(元/亩·年)	H2-31						
合同形式(1.口头2.书面)	H2-32						
是否有担保(1.有2.没有)	H2-33						
担保人是谁(1.亲戚2.熟人3.村干部4.其他)	H2-34						
这块地的粮食补贴归谁(1.没有补贴2.转入户3.转出户4.其他,请说明)	H2-35						
该地块是否与转入者家地块相连(1.是2.否)	H2-36						

3.家庭生产经营情况

(蔬菜瓜果代码：1.西红柿2.茄子3.芸豆4.豆角5.辣椒6.韭菜7.芹菜8.菠菜9.大葱10.大蒜11.大姜12.芦笋13.萝卜14.西葫芦15.苦瓜16.黄瓜17.西瓜18.甜瓜19.草莓20.油菜21.芝麻22花生23.养鱼24.养泥鳅25.其他)

家庭生产经营情况		H3-01	蔬菜、瓜果或水产养殖			小麦	玉米	水稻	其他
种植面积/亩		H3-02							
其中,自家承包地面积/亩		H3-03							
一年种几茬		H3-04							
亩产量/斤		H3-05							
单价/(元/斤)		H3-06							
种子种苗费用	数量/斤或棵或块等	H3-07							
	单价/元	H3-08							
农药	杀虫 次数/次	H3-09							
	每次花费/元	H3-10							
	除草 次数/次	H3-11							
	每次花费/元	H3-12							

续表

家庭生产经营情况			H3-01	蔬菜、瓜果或水产养殖			小麦	玉米	水稻	其他
肥料	底肥	类型	H3-13							
		用量/斤	H3-14							
		单价/(元/斤)	H3-15							
	追肥	次数/次	H3-16							
		类型	H3-17							
		每次用量/斤	H3-18							
		单价/(元/斤)	H3-19							
灌溉		次数/次	H3-20							
		每次费用/元	H3-21							
机械与人工费用	耕田	自用工/小时	H3-22							
		雇工/元	H3-23							
		机械/元	H3-24							
	播种	自用工/小时	H3-25							
		雇工/元	H3-26							
		机械/元	H3-27							
	施肥	自用工/小时	H3-28							
		雇工/元	H3-29							
		机械/元	H3-30							
	喷药	自用工/小时	H3-31							
		雇工/元	H3-32							
		机械/元	H3-33							
	灌溉	自用工/小时	H3-34							
		雇工/元	H3-35							
		机械/元	H3-36							
	收割	自用工/小时	H3-37							
		雇工/元	H3-38							
		机械/元	H3-39							
	地膜的费用/(元/亩)		H3-40							

4.蔬菜大棚

(蔬菜瓜果代码:1.西红柿2.茄子3.芸豆4.豆角5.辣椒6.韭菜7.芹菜8.菠菜9.大葱10.大蒜11.大姜12.芦笋13.萝卜14.西葫芦15.苦瓜16.黄瓜17.西瓜18.甜瓜19.草莓20.油菜21.芝麻)

蔬菜大棚情况	H4-00	单位	大棚1	大棚2	大棚3
您家有几亩蔬菜大棚	H4-01	亩			
您家蔬菜大棚里种植几种蔬菜	H4-02	种			
分别是哪几种蔬菜	H4-03	蔬菜代码			
请注意,下面是每亩的大棚成本。					
您家的蔬菜大棚是包工包料吗1.是2.否	H4-04	—			
如果是,每亩大棚建造需花多少钱	H4-05	元/亩			
如果不是, 骨架多少钱	H4-06	元/亩			
薄膜多少钱	H4-07	元/亩			
其他设备多少钱	H4-08	元/亩			
人工费用需多少钱	H4-09	元/亩			
该种大棚大概能用几年	H4-10	年			
更换一亩薄膜需要多少斤或平方或捆	H4-11	斤或平方或捆			
每斤或平方或捆薄膜多少钱	H4-12	元/斤或平方或捆			
当初,每亩需要买多少棉被	H4-13	元			
这些棉被能用多少年	H4-14	年			
其他开支	H4-15	元/亩·年			

5.家庭住宅与固定资产

H5-01:过去两年是否向银行贷过款？_____1.有 2.没有 若没有,请跳转到H5-05.

H5-02:过去两年一共贷多少款？_____万元;H5-03:利息大概多少？

H5-04:在贷款过程中,耕地是否可以作为抵押物品？_____1.是 2.否

H5-05:您家是否参加了专业合作经济组织(或农民专业协会等)？_____1.是 2.否

H5-06:您家的宅基地占地面积多大？_____m²;

H5-07:您家的房子使用面积(建筑面积)多大？_____m²。

H5-08:哪一年建成(或购买)的？_____;

H5-09:当时建房一共花了多少钱？_____万元；

H5-10:你们村里有没有宅基地买卖的情况？_____1.是 2.否 若否,下面无须再问。

H5-11:您家有没有买卖宅基地？_____1.是 2.否

H5-12:您家卖多大面积？_____平方米；

H5-13:卖了多少钱？_____万元；

H5-14:您家有没有买过宅基地？_____（1.是 2.否）；H5-15:哪年买的_____；

H5-16:买了多大面积？_____平方米；

H5-17:购买花多少钱？_____万元

2015年以来您家拥有以下固定资产/牲畜吗？_____如果有请填写数量和现值。

| 生产性固定资产 ||||| 畜牧业养殖资产 ||||
名称	代码	数量	购买年份	购买价格/元	名称	代码	数量	现值多少钱/元
拖拉机	H5-18				生猪	H5-25		
机械用犁	H5-19				牛	H5-26		
水泵	H5-20				羊	H5-27		
脱粒机	H5-21				家禽	H5-28		
排灌机	H5-22				淡水养殖	H5-29		
三轮车	H5-23				其他养殖	H5-30		
汽车	H5-24							

6.家庭全年总支出

支出明细			代码	单位	数值
衣食住行	新添衣服费用		H6-01	元	
	能源消费	烧煤费用	H6-02	元	
		天然气或液化气	H6-03	元	
		电费	H6-04	元	
	水费		H6-05	元	
	食物消费	食物开支（如蔬菜、主食、水果、肉蛋奶等）	H6-06	元	
	房屋租金（不含外出定居和务工人员)		H6-07	元	
	交通支出（比如油费、坐车费）		H6-08	元	

续表

支出明细		代码	单位	数值
教育支出	人数	H6-09	人	
	总花费(中小学+大学)	H6-10	元	
医疗支出	住院花费	H6-11	元	
	日常药费	H6-12	元	
通信支出	手机话费	H6-13	元	
	固定电话费	H6-14	元	
	网费	H6-15	元	
	有线电视费	H6-16	元	
保险支出	农业保险	农业保险	H6-17	元	
	新型农村养老保险	参保人数	H6-18	人	
		缴费金额	H6-19	元/人·年	
	新型农村合作医疗保险	参保人数	H6-20	人	
		缴费金额	H6-21	元/人·年	
	您家是否参加商业保险 1.是 2.否	H6-22	—	
	商业养老保险	参保人数	H6-23	人	
		缴费金额	H6-24	元/人·年	
	商业医疗保险	参保人数	H6-25	人	
		缴费金额	H6-26	元/人·年	
	其他商业保险	H6-27	元/人	
旅游支出		H6-28	元	
您家除了上述开支之外,每月其他的开支(比如洗漱用品、卫生纸等)		H6-29	元	

7.家庭全年总收入

收入来源		代码	单位	数值
种植业收入	粮食作物卖多少钱	H7-01	元	
	经济作物(蔬菜瓜果等)卖多少钱	H7-02	元	
其他农业收入	果园(或观光园)	H7-03	元	
	林木	H7-04	元	
	畜禽养殖	H7-05	元	
	鱼塘	H7-06	元	
	其他农产品	H7-07	元	
农业补贴或农业支持保护补贴	补贴总数	H7-08	元	
	其中:良种补贴	H7-09	元	
	种粮直接补贴	H7-10	元	

续表

收入来源		代码	单位	数值
农业补贴或农业支持保护补贴	农资综合补贴	H7-11	元	
	农机购置补贴	H7-12	元	
	其他补贴,注明	H7-13	元	
土地流转收入	转出土地面积	H7-14	亩	
	转出土地单价	H7-15	元/亩	
退耕还林还草补贴		H7-16	元	
养老金		H7-17	元	
退休金		H7-18		
征地补偿		H7-19	元	
政府救济金(含精准扶贫等)		H7-20	元	
来自家庭成员之外的子女或亲戚		H7-21	元	
其他收入		H7-22	元	

8.访员观察

H8-01:受访者的态度如何？_____

1.很不友好   2.不友好   3.一般   4.友好   5.很友好

H8-02:现场访谈中是否有村干部在旁边？_____

1=有；   2=没有

H8-03:现场访谈中有没有受访者小孩(尤其是三岁以下)在旁边？_____

1=有；   2=没有

H8-04:受访者的普通话程度？_____

1.不会   2.很差   3.一般   4.较好   5.很好

附录4　城市化对山区生态压力影响的农户调查问卷

问卷编码：_____

查表人：_____

中国科学院城市化对山区生态压力的影响项目
（农户调查表）

调查地点：_____县_____乡（镇）_____村_____社

户主姓名：_____,电话：_____

被调查者姓名：_____,电话：_____

房屋位置（GPS定位）：_____

照片编号：_____

调查员：_____

调查员电话：_____

调查时间：_____年_____月_____日

A. 家庭基本情况：

01. 2011年初你家有多少人？_____ 人。

02. 从2003年初到2011年末，你家有无人口变动？_____ 1.有 2.没有

02a. 人口变动具体文字说明：_____。

	03	04	05	06	07	08	09	10	11	12	13	14	14	16	17
个人编码	性别 1.男 2.女	与户主的关系编码	民族 1.汉 2.土家 3.苗 4.回 5.其他	户口类型 1.农业 2.非农业 3.没户口	出生于 1.本村 2.本乡非本村 3.本县非本乡 4.本省非本县 5.外省	健康状况 1.良好 2.一般 3.较差 4.很差	年龄 周岁	文化程度 1.文盲 2.小学 3.初中 4.高(职)中 5.大专及以上	是否受过专业技术或专业培训(包括学徒) 1.专业培训 2.学徒 3.1+2 4.否→14	得到过哪种培训? 1.农机 2.农技 3.兽医 4.建筑 5.驾驶 6.烹调 7.服装加工 8.卫生人员 9.其他(说明)	婚姻状况 1.已婚 2.离婚 3.丧偶 4.未婚	是否住在家中？ 1.是→下一人 2.否	2011年累计离家时间 月	最初离家年龄 周岁	离家的原因 1.上学 2.服役 3.工作 4.其他
家庭成员 101															
102															
103															
104															
105															
106															
107															

18. 请记录被访问者的个人编码：
与户主的关系：1. 户主；2. 配偶；3. 孩子；4. 孙子辈；5. 父母；6. 兄弟姐妹；7. 女婿，儿媳，姐夫，嫂子；8. 公婆，岳父母；9. 亲戚；10. 无亲戚关系

B. 就业基本情况：
这里调查所有参加就业的家庭成员：
工作编码：1. 务农；2. 外出务工；3. 自营工商业；4. 机关事业单位；5. 其他。 另：自营工商业包括大规模饲养家禽或家畜等。
行业编码：1. 农业；2. 建筑业；3. 制造业；4. 服务业；5. 其他。

个人编码	01	02	03	04	05					06	07	08	09	10	11	12	13	14
	2011年是否务农或从事非农工作 1.是 2.否=>下一人	既不务农也不从事非农工作 1.年老身体不好 2.待业 3.只做家务=>下一人	2011年从事农业的程度 1.不务农 2.只在农忙时务农 3.边工作边务农 4.只务农 5.其他(请说明)	2011年是否有非农业收入(包括拿工资和自营工商业，以及农工) 1.是 2.否=>下一人	最主要非农工作(按照从事时间长短寿命) a 工作编码	b 行业编码	c 工种	d 总收入/元	e 工作时是否在家? 3.是 4.否	其他非农业工作总收入/元	2003年是否干过这项工作 1.是 2.否	在这个工作单位干了多久?(到2011年底为止) 月	2011年干这项工作的时间 月	平均每月工作天数 天	工作地点 1.本村 2.本乡非本村 3.本县非本乡 4.本省非本县 5.外省	得到这工作的信息来源 1.亲戚介绍 2.朋友介绍 3.政府组织 4.其他	工资支付方式 1.计件 2.计时 3.计件加计时 4.固定工资 5.承包 6.其他	平均每月工资(包括工资、奖金、津贴、补贴等) /元
家庭成员																		

C. 住宅基本情况

01.你家有几处住宅? _____ 处

下面只问最主要的两处: a 第一处 b 第二处

02.你家是否与别人共用这所住宅?

(1.是;2.否) _____ _____

03.你家住宅类型 _____ _____

1.草房;2.土房;3.木房;4.砖木房;4.砖混房;5.其他(说明)

04.宅基地面积　　　　　_____平方米　_____平方米

05.房屋面积　　　　　　_____平方米　_____平方米

06.你建造或购买这所房子的时间?　_____年　_____年

07.你建造这所房子花了多少钱?　_____年　_____年

08.2003年到2011年此房子是否有翻新或维修?

(1.是,2.否→15)　　　　　　_____　_____

09.花费多少?　　　　　　　　_____元　_____元

10.你居住的房子距离最近的集市　_____千米　_____千米

11.你居住的房子距离最近的医院　_____千米　_____千米

12.你居住的房子距离最近的学校　_____千米　_____千米

13.你居住的房子是否通公路(1.是;2.否) _____

14.你所用交通工具类型(1.摩托;2.汽车) _____

15.所通公路类型(1.水泥路;2.碎石路) _____

16.有没有考虑转户口?　　　　1.有　　2.没有

17.有没有办理退出承包地的手续?　1.有　　2.没有

18.退出后期望从事的工作?　　1.(　　);2.不知道,期望工资(　　)元

19.有没有在乡镇或县城买房子?　(　　)

1.在镇上买　2.在县城买　3.在重庆市区买了　4.没有买

D. 农地
D1. 退耕地基本情况

01	02	03	04	05	06	07	08	09	10
有没有退耕？	退耕类型	退耕土地的小地名	退耕土地面积	退耕时间	退耕地离家距离	退耕地是田或土？	退耕地现状	退耕地是否会套种？	何种作物？（编码）
1.有 2.无→D2	1.退耕还林工程 2.森林工程		亩		千米	1.田 2.土	1.杂草 2.灌丛 3.林地	1.是 2.否	

D2. 撂荒地基本情况

01	02	03	04	05	06	07	08	09
有没有撂荒？	撂荒土地的小地名	撂荒土地面积	撂荒时间	撂荒地离家距离	撂荒地是田或土？	撂荒原因	撂荒地现状	未来两年是否还会耕作
1.有 2.无→D3		亩		千米	1.田： 2.土	1劳力短缺 2距离远 3劣等地 4野猪吃 5地灾隐患 6.缺少水 7.其他	1.杂草 2.灌丛 3.林地	1.是 2.否

注：作物编码：
A. 粮食作物类：1=小麦；2=玉米；3=水稻；4=薯类；5=土豆；6=高粱；7=荞麦；8=其他粮食作物（请说明）；
B. 经济作物类：1=棉花；2=大豆；3=花生；4=烤烟；5=油菜；6=蔬菜；7=茶叶；8=中药材；9=花卉苗木；10=其他经济作物（请说明）。

D3. 家庭经营土地状况（正在种植的承包地和转入地）
01. 你家承包地总共有多少_____块，总面积_____亩

	地块编码 01	小地块名 02	地块面积/亩 03	这块地是土田还是承包簿（根据）1.田 2.土 04	该编码地块上含有几块土地 05	土地等级 1.一等 2.二等 3.三等 4.四等 5.等外 06	灌溉条件 1.雨养 2.灌溉 07	微地貌类型 1.槽坝 2.低山 3.中山 4.浅丘 08	你家何时分到这块地（如果转入，第哪一年开始转入的） 09	地块产权 1.自留地 2.承包地 3.开荒地 4.转入 5.其他 10	这块地离你家有多远?/斤米 11	交通方式（编码） 12	所需时间/分钟 13	2011年这块地种什么作物（作物编码）A/B 14	2011年这块地是否受灾 1.是 2.否→下一块地 15	比正常年减产/% 16	受灾原因 1.水灾 2.旱灾 3.地灾 4.病虫害 5.冻害 6.野生动物 7.其他 17
耕地	1																
	2																
	3																
	4																
	5																
	6																
	7																
果茶	8																
	9																
塘鱼	10																
林地	11																
	12																
	13																
	14																

注：①交通方式编码：1.三轮车；2.摩托车；3.自行车；4.步行；5.其他（请说明）。
②作物编码：A.粮食作物类：1.小麦；2.玉米；3.水稻；4.薯类；5.土豆；6.高粱；7.荞麦；8.其他粮食作物（请说明）。
B.经济作物类：1.棉花；2.大豆；3.花生；4.烤烟；5.油菜；6.蔬菜；7.茶叶；8.中药材；9.花卉苗木；10.烤烟；11.其他经济作物（请说明）。

D4.其他农地情况

其他土地类型代码:1.林地;2,桑园;3.茶园;4.鱼塘;5.其他(请说明)

指标	类型	单位	2011	2013
经营的果园	a.自己的	亩		
	b.转入	亩		
	c.转出	亩		
	d.开荒	亩		
经营的其他土地类型	a.自己的	亩		
	b.转入	亩		
	c.转出	亩		
	d.开荒	亩		

D5.农地经营投入

01.2011年你买过有机肥吗?

1.买过　　2.没买过→4

02.买了多少斤?

03.花了多少钱?

	指标	04	05	06	07
		投入的农资品种	计量单位（斤、包、瓶）	数量	单价(元)
				购入多少	
a	种苗				
b	化肥(编码)				
c	地膜				
d	农药				
e	除草剂				
f	其他花费(总价,元)				

注:化肥编码:1.复合肥;2.高效复合肥;3.磷肥;4.氮肥;5.尿素;6.钾肥;7.其他。

D6. 分地块和作物的投入产出合计

地块	作物编码	产出 01 总播面积 亩	产出 02 总产 斤	销售 03 销售量 斤	销售 04 单价 元/斤	种子投入 05 数量 斤	种子投入 06 单价 元/斤	除草剂 07 是否施用？1.是 2.否	农药 08 是否施用？1.是 2.否	化肥投入（填主要的2种）09 类型1 编码	10 用量 斤	11 类型2 编码	12 用量 斤	地膜投入 13 是否施用 1.是 2.否	有机肥 01 清粪 斤	有机肥 02 干粪 斤

注：①各项投入指标均为该种作物总播种面积下的总投入，并不是亩均投入。

②化肥编码：1.复合肥；2.高效复合肥；3.磷肥；4.氮肥；5.尿素；6.佣肥；7.其他。

③作物编码：

A:粮食作物：1.小麦；2.玉米；3.水稻；4.薯类；5.土豆；6.高粱；7.荞麦；8.其他粮食作物（请说明）。

B:经济作物类：1.棉花；2.大豆；3.花生；4.烤烟；5.油菜；6.蔬菜；7.茶叶；8.中药材；9.花卉苗木；10.烤烟；11.其他经济作物（请说明）。

D7. 2011年分地块和作物的劳动力投入

地块划分（见D3表）	作物编码	划土/田			育苗/播种/插秧/底肥	追肥	除草/中耕	收割/脱粒/晾晒/烘烤	雇工	换工	秸秆处理
		01	02	03	04	05	06	07	08	09	10	11
		1.牛 2.机械 3.人力	工	租金（元）	工	工	工	1.人工 2.机器	工	工	工

注：①各项指标均为该地块上所种该种作物总播种面积下的总劳动投入，并不是亩均劳动投入。

②作物编码：

A.粮食作物类：1.小麦；2.玉米；3.水稻；4.薯类；5.土豆；6.高粱；7.荞麦；8.其他粮食作物（请说明）；

B.经济作物类：1.棉花；2.大豆；3.花生；4.烤烟；5.油菜；6.蔬菜；7.茶叶；8.中药材；9.花卉苗木；10.烤烟；11.其他经济作物（请说明）。

D8.转出地

填主要的三块		转出地1	转出地2	转出地3
01.是否有转出?	1.有,面积( )亩　2.无→D9			
02.田或土	1.田　2.土			
03.与转入土地者的关系	1.亲戚 2.熟人 3.其他			
04.愿转出的原因	1.种地不赚钱;2.家庭本身劳动力不足;3.享受到很多优惠政策;4.家庭主要成员定居城镇,想进城落户;5.村镇干部宣传动员;6.距离太远;7.其他			
05.合同形式	1.口头　2.书面			
06.是否有担保?	1.有→07 2.没有→08			
07.担保人是?	1.亲戚 2.村干部 3.熟人 4.其他			
08.何时定的合同?	(年/月)			
09.期限是固定的吗?	1.是→10 2.否→11			
10.期限是多少年?				
11a.主要付费方式	1.现金 2.谷物 3.劳动力 4.其他			
11b.收费多少(元)				
12.获取流转信息途径	1.自主寻找 2.替人代耕 3.经纪人 4.村集体 5.其他			
13.如有流转纠纷处理方式	1.自认倒霉 2.双方协商 3.村委会(中间人)调解 4.诉讼 5.其他			

D9.转入地

指标		转入地1	转入地2	转入地3
01.地块编码				
02.田或土	编码同左			
03.与转出土地者的关系	编码同左			
04.愿转入的原因	1.增加收入 2.连片种植需要 3.能享受到优惠政策 4.其他			
05.合同形式	编码同左			
06.是否有担保？	编码同左			
07.担保人是？	编码同左			
08.何时定的合同？	编码同左			
09.期限是固定的吗？	编码同左			
10.期限是多少年？	编码同左			
11a.主要付费方式	编码同左			
11b.收费多少(元)				
12.获取流转信息途径	编码同左			
13.流转纠纷处理方式	编码同左			

D10. 2011年农地林果投入产出

2011年林果投入产出调查（若耕地中金银花、青蒿等经济树种或苗圃，投入产出请填此表）

<table>
<tr><th rowspan="3">林果类型</th><th>01</th><th colspan="2">产出</th><th></th><th colspan="2"></th><th colspan="5">生产资料投入</th><th colspan="2">劳动投入</th></tr>
<tr><th rowspan="2">种植面积</th><th>02</th><th>03</th><th>04</th><th>05</th><th>06</th><th colspan="2">07 08</th><th colspan="2">09 10</th><th>11</th><th>12</th><th>13</th></tr>
<tr><th>亩产</th><th>价格</th><th>亩产收益</th><th>树苗价格</th><th>树苗密度</th><th colspan="2">农药</th><th colspan="2">施肥</th><th>其他花费</th><th>主要劳动集中月份</th><th>平均年投入劳动日</th></tr>
<tr><td></td><td>亩</td><td>斤/亩</td><td>近三年平均（元）</td><td>元/亩</td><td>元/棵</td><td>棵/亩</td><td>每年几次</td><td>每次花费（元）</td><td>每年几次</td><td>每次花费（元）</td><td>（元）</td><td>—</td><td>（日）</td></tr>
<tr><td>a 金银花</td><td></td><td></td><td></td><td></td><td></td><td></td><td></td><td></td><td></td><td></td><td></td><td></td><td></td></tr>
<tr><td>b 青蒿</td><td></td><td></td><td></td><td></td><td></td><td></td><td></td><td></td><td></td><td></td><td></td><td></td><td></td></tr>
<tr><td>c 花椒</td><td></td><td></td><td></td><td></td><td></td><td></td><td></td><td></td><td></td><td></td><td></td><td></td><td></td></tr>
<tr><td>d 板栗</td><td></td><td></td><td></td><td></td><td></td><td></td><td></td><td></td><td></td><td></td><td></td><td></td><td></td></tr>
<tr><td>e 其他</td><td></td><td></td><td></td><td></td><td></td><td></td><td></td><td></td><td></td><td></td><td></td><td></td><td></td></tr>
</table>

E.资产

E1.农用固定资产与农具

01.2011年你拥有以下设备或资产吗？对回答有的项目继续问02-06

指标	编码	数量	指标	编码	数量
拖拉机	a		汽车	i	
机械用犁	b		平板车	j	
水泵	c		马、驴、骡	k	
喷雾器	d		耕牛	l	
打谷机或脱粒机	e		船	m	
微耕机	f		圈舍	n	
米面磨坊、食品加工机	g		商店、茶馆	o	
家畜饲料加工机	h		其他设备或工具	p	

02 写下农户拥有每一种设备的编码	03 你家拥有这一资产的比重/%	04 哪一年开始拥有？/年	05 花了多少钱购买？/元	06 现在值多少钱？/元

注:05、06均指设备整体,不是仅指自家拥有部分。

E2. 农副产品及自产作物的转化效益

01. 2011年你家有人加工过自产农作物出售或交换吗？   1.是   2.否→E7

指标	02	03	04	05	06	07	08	09
农作物加工品	烤烟	面条	大米	面粉	粉条，粉丝	豆腐及其他豆制品	荆条，藤条制品，草席等	其他
a.你家有人用自己的作物制成下列产品出售或交换吗？ 1.有 2.否→下一产品								
b.2011年你家出售或交换的总收入（元）								

E3. 畜牧业生产

01	02	03	04	05	06	07	08	09	10	11
2011年你家是否喂养过家畜,家禽? 1.是 2.否→F1.	2011年所有牲畜养殖投入的劳动力时间？（天）	平均每天投入（小时）	主要管理人（家庭成员编码）	主要牲畜如牛羊等的养殖方式 1圈养→08 2.放养	平均距离（千米）	放牧地点 1.林地 2.撂荒地 3.草地 4.耕地	饲料总量			单价（元/斤）

12	13	14	15	16	17	18	19	20	21	22	23	24	25	26	27	28	29	30	31
红薯（斤）	自产多少（斤）	购买多少（斤）	单价（元/斤）	土豆（斤）	自产多少（斤）	购买多少（斤）	单价（元/斤）	糠（斤）	自产多少（斤）	购买多少（斤）	单价（斤）	精饲料（斤）	自产多少（斤）	购买多少（斤）	单价（斤）	青饲（野菜）（斤）	自产多少（斤）	购买多少（斤）	单价（斤）

08	09	10	11
玉米（斤）	自产多少（斤）	购买多少（斤）	单价（元/斤）

E3. 畜牧业生产

32	33	34	35	36	37	38	39	40	41	42	43	44
2011年你家喂养的牲畜编码	2010年底存栏数		2011年新出生数	2011年购买仔畜、雏禽		2011年死亡丢失	销售(包括送人)		自食		2011年底存栏,假如把他们全部卖掉共值多少钱	蛋、奶、毛绒、鬃、蚕茧,蜂蜜等价值
	数量(头、条、只)	价值(元)	数量(头、条、只)	数量(头、条、只)	价值(元)	数量(头、条、只)	数量(头、条、只)	价值(元)	数量(头、条、只)	价值(元)	(元)	(元)

注:牲畜编码:1.牛,2.公猪,3.母猪,4.羊,5.鸡、鸭、鹅,7.鱼,7.其他(请说明)

E4.农业补贴与其他形式收入

01.2011年总共领到多少生产补贴？

以下补贴分别领到多少？

补贴种类	02 是否领到？ 1=是,2=否,3=不知道	03 如果有,领到多少钱？ (元)
a粮食直补		
b良种补贴		
c农机补贴		
d农资综合直补		
e其他		

04.你是否领到以下补贴？如果有,分别是多少元？

补贴种类	05 是否领到？ 1=是,2=否	06 如果有,领到多少钱？ (元)
a最低生活保障金		
b五保供养金		
c其他		

07. 2011年你家人是否有过下列形式的现金或实物收入（除子女以外别人赠送的）1.是 2.否→F1

08,从政府得到的资助	（元）	12办酒席所获得的礼金收入,如生日、婚丧等	（元）
09.嫁妆(聘金)或遗产继承	（元）	13.退休金收入	（元）
10,从出租土地、设备、房屋或住宅得到的收入	（元）	14.其他收入	（元）
11.出售房屋的收入	（元）		

F.家庭消费支出

F1.耐用消费品

注:这里的耐用消费品不包括用于生产经营的固定资产。

01.2011年你家是否拥有以下耐用消费品 先回答问题1,在数量栏写几个,对回答有的项目继续问2-5.

项目	编码	数量	项目	编码	数量
电饭锅	a		摩托车	j	
电水壶	b		三轮车	j	
电烤炉	c		电脑	k	
电磁炉/电炒锅	d		手机、电话等通信设备	l	
煤气或液化气炉具	e		彩电	m	
太阳能热水器	f		电冰箱或冰柜	n	
电热水器	g		洗衣机	o	
汽车	h		空调	p	

2011年你家拥有的耐用消费品具体情况

02.拥有耐用消费品的编码	03.是否购置? 1.购置 2.赠送 3.自制	04.当时花了多少钱?(元)	05.当时政府补贴多少钱?(元)	02.拥有耐用消费品的编码	03.是否购置?购置 赠送 自制	04.当时花了多少钱?(元)	05.当时政府补贴多少钱?(元)
a				i			
b				j			
c				k			
d				l			
e				m			
f				n			
g				o			
h				p			

F2.其他形式支出

	支出形式	支出数量(元)
a	送礼	
b	新农合作医疗	
c	养老保险	
d	子女教育支出	
e	医疗支出	
f	办酒席的支出,如生日,婚丧等	
g	日常生活支出(烟酒、粮油、衣食住行等)	
h	购买生活燃料(煤炭、沼气等)支出	
i	其他(水电、电话、交通等)	

F3.生活能源

年份	01 木材/斤	02 秸秆/斤	03 煤炭/斤	04 煤气/罐	05 沼气/立方米	06 电/度

F4.借贷方式

01	02
2011年你家是否有借贷行为?	借贷款方式
1.有 2.没有→G1	1.私人之间借钱(利息较高) 2.私人之间借钱(利息较低) 3.银行借贷

G. 农户生计策略——土地利用与生态

01	02	03	04	05	06	07	08	09	10	11	12
每年有没有清理沟渠? 1.有 2.无	投了多少工? (工)	2011年,哪些地块不施农家肥了 (地块编码)	什么时间开始不施肥了? (年份)	是否田坎上还种植作物? 1.是 2.否	近几年有无田坎垮塌现象? 1.有,大概有多少米? 2.无	有没有维修垮塌田坎? 1.有 2.没有→10	维修投入多少工? (天)	花费多少? (元)	您家薪柴来源? 1.自家 2.亲友 3.购买	一年采集薪柴多少天? (天)	采集距离多远? (米)
13	14	15	16	17	18	19	20	21	22	23	24
共采集多少公斤? (斤)	干旱时节,您家是否能够满足日常生活用水? 1.是 2.否	饮水来源? 1.自来水→24 2.挑水 3.其他→24	挑水距离多远? (里)	您家秸秆是否还田? 1.是 2.否	近几年经常见到的野生动物有哪些? 1.野猪 2.蛇 3.野鸡 4.麻子 5.其他	野生动物出现频率如何变化? 1.增加 2.减少 3.变化不大	为减轻野生动物给农业生产带来的危害,您采取了哪些办法?	为防野猪危害,看护了庄稼用了多少工? (工)	在哪些地块守护? (编码)	什么时候开始看护庄稼的? (年份)	明年是否还看护? 1.是 2.否
25	26	27	28	29	30	31	32	33			
是否有采集野生植物、微生物? 1.是 2.否	采集的种类有(如野生茶叶等)	采集量多少?	卖了多少钱?(元)	从什么时候开始采集?(年份)	明年是否会去采? 1.是 2.否	近几年是否有砍木材做家具、建房等? 1.是 2.否	砍伐量 (m²)	近年内家里有几亩地种树? (亩)			